BIBLIOTECA DELL'ARGILETO
Nuova Serie

LETTERATURA ITALIANA
Poesia e narrativa dal Secondo Novecento ad oggi

TESTI

A cura e con prefazione di
Lia Bronzi

Volume III - Tomo II

Bastogi
Editrice Italiana

Tutti i diritti riservati
BASTOGI EDITRICE ITALIANA srl
Via Zara 47 - 71100 Foggia - Tel. 0881/725070
http://www.bastogi.it   e-mail: bastogi@tiscali.it

Antonia Arcuri

"Una mia amica mi racconta che, da ragazza, molte volte, a richiesta dei mietitori, aveva tagliato la Fanciulla (...), Fanciulla era chiamato l'ultimo ciuffo di grano mietuto... Poi con quelle spighe si faceva una treccia ornata di nastri..

J.G. Frazer *Il ramo d'oro*

IL GIARDINO Notturno

I desideri della notte sono pensieri scalzi
                   gemme di racconti
Serpenti turchesi con squame d'argento
Nomi smarriti tra i vicoli di una città antica
                   donne dei cieli velati
Pietre d'onice incastonate in un calice d'oro
                   mezze perle vuote
Macchie di colore lilla, ciclamino e giallo
                   che allagano una strada
Ginestre profumate orlano i costoni
                   di una montagna
Arbusti e cespugli di spine sul ciglio di un dirupo
                   Quanti pensieri ha la notte!
Le certezze del giorno sono macchie nere
visioni senza sfondo
                   un mare aperto è la notte
In un giardino selvoso l'ingresso in una grotta
                   con il cielo dipinto che si può sfiorare
La disciplina della normalità è un pensiero cieco
Vivo danzando il madrigale della vita
        Creo con allegria
                pensieri di fuoco e grazia
L'amore viene prima di ogni cosa
Uno sguardo a oriente per ritornare alle origini
Un impasto di terra rossa acqua e sale
                   la poesia della natura difende la vita
Due elefanti stanno lottando
                   devo salvare i fili d'erba
In riva ad un lago anche la voce si specchia e tace
Non puoi camminare ignaro del mondo invisibile.
Nasco nell'ordine del desiderio
Un tempo senza bifore oscura l'arco del senso
                 i diamanti degli occhi lo rischiarano

Il tempo vissuto ha il potere
                    che hanno i fiori in primavera
Si sa che vivranno intensamente
                    liberi nella durata
Una terra bruna nutre i semi
                    sguardi attesi della persona amata
Dipinto sulla tela il tempo
                    è un giardino sfiorito
Lo carezzo con lo sguardo riprende vita
                    si ondula e cambia colore
Un uccello dimora nel suo canto come un angelo
                    se io canto è perché tu sfuggi il mio sguardo
Una pausa un nutrimento una domanda segreta
Fiore d'iperico ambra e diaspro giallo
Tre linee rosse a forma di serpente su uno sfondo grigio
L'albero della conoscenza
                    l'albero della vita
L'albero del bene e del male
Uccelli intrecciano fili di paglia senza una guida
                    tu dici colomba per quale segno?
La bellezza e il cuore sono segni
Ci alzeremo e andremo vestiti con piume di uccelli.
Colori argentati sui rami degli ulivi
                    attraversano il cielo vibrando
Innalzano le braccia e ballano i contadini
                    brindando e cantando la marcia nuziale
Nel giallo delle messi riposte le falci
                    all'ombra di un ciliegio trovano ristoro
Le donne legano i covoni con le spighe cadute
                    lanciando occhiate fugaci
Riscalda l'aria il sole e la rende tremula
Non ci sono più mandrie che ritornano all'ovile
                    calpestando terra e foglie secche.
Uccelli di passo rischiano la vita dentro le reti
                    suonano le campane un rintocco antico nel giardino notturno
Spiga e paglia onda pioggia e attesa
                    appartengono all'ordine del desiderio
Un raggio di luce ci congiunge ad una stella
Vedremo l'orizzonte l'aria sin dal suo nascere
                    la luna sotto veli di organza
All'alba il grano è uno specchio d'oro
                    dal seme che muore germina vivo
La mia chiave è un'impressione che muta
                    le immagini sono il polline
nel tempo in cui il vento
                    si leva leggero

UN "BASSO" PALERMITANO

– Non si asciugano, bene, le lenzuola, lì, vicino al muro! Prima, ce li mettevo, ma poi i cani, durante la notte, le tiravano giù.

È piccola di statura, ha i capelli bianchi alla radice, biondi sulle punte, e sorride.

Arriva giù un paniere, legato ad una cordicella, che sfiora le nostre teste.

Carmela ride. – È la signora del primo piano, che mi manda le lenzuola asciutte. È vedova, sola come me.

Sa chi era il marito? – Io scuoto la testa. – Quello che vendeva il baccalà, all'angolo del Corso Olivuzza. Se lo ricorda? – Io sorrido e faccio un cenno, con la testa.

– Non sapevo che lei abitasse qui da sola!

– No!, ma io non sono sola. Entri!, le faccio vedere i miei figli. – Uno stipetto zeppo di tazze, piattini e fotografie. La stanza è due metri per due, con un pavimento in cemento grezzo, un po' malandato.

Carmela sorride e aprendo uno sportello a vetri, mi mostra la foto, in bianco e nero, di un bambino con i boccoli. – È mio marito, no, è mio figlio, il grande. – Mi mostra, poi una foto a colori.

– Questa è mia figlia, quella che abita qua vicino, che ha avuto due gemelli.

– Li vede come sono amurusi, ora, si devono fare la prima comunione. Loro mi vogliono sempre, ma io preferisco stare a casa mia. Che ce n'è di questa vita! La mia casa è assolicchiata, certo solo d'estate, di pomeriggio, però, io con la sedia mi metto sul marciapiedi, di fronte, e sto lì. Passa tanta gente, come lei. Io dico buonasera, e loro rispondono.

– Anch'io abito da sola, le dico. – Perché suo marito è morto? Si fa il segno della croce.

– No, dico io, abbiamo deciso di vivere ognuno per conto proprio. – Ah! meno male, dice sollevata.

Mi tira per un braccio: – Venga, le faccio vedere la stanza da letto. Mi mostra un angolo della stanza.

– Qua c'è lo spazio per un lettino, dice, non si sa mai, se qualche mio nipote vuole venire a dormire, qualche sera! – A me sembra che lo spazio non ci sia, ma non dico nulla. Mi accorgo che non ci sono finestre.

– Questa è una casa antica, – dice – li vede i muri? Sono robusti.

– Sì, effettivamente! – dico io – però, che bello! – aggiungo – qui da lei è tutto così pulito.

Che devo fare tutto il giorno, mi passo il tempo!

– Non è solo questo, – dico io – è che lei ama questa casa, e si vede!

– Le mattonelle nella cucina non c'erano. Non c'era niente. Io ho fatto mettere il lavello, per i piatti, nuovo. – La cucina, un metro per due, ha una finestrina che dà sulla strada.

I sacchetti della spesa mi serrano le mani. Li poggio in un angolo. Mi sento un po' imbarazzata.

Passo da dieci anni da questa strada, e da allora saluto la signora Carmela, ogni volta che la vedo sulla porta.

Qualche volta, scambiamo brevi battute sul tempo. Oggi, per via dei sacchetti, mi sono fermata e lei mi ha abbracciato.

– Mio marito, dice, faceva il cocchiere. Noi prima abitavano più in là, sa dove c'è la Madonna dell'Orto? No!, ma prima non era così!, aggiunge. – Mio marito mi raccontava, che qui, prima, era tutto un giardino. Lei, la conosce questa storia?
Ho letto da qualche parte qualcosa, dissi io.

–No! Ma lei la deve sentire, è tanto bella. Lo vede dove c'è la chiesa? – Con la mano indica un punto. – Là c'era un convento di suore e, a giro, c'erano arance e limoni. Il profumo di zagara, a marzo, a chi passava, gli faceva girare la testa. Là, ad una monaca apparve la Madonna, una notte. Poi più sopra, al rione Quattro camere c'era una villa antica... antica.

Erano tutti cocchieri nella famiglia di mio marito e la sera raccontavano queste storie. Ma vere sono? Si diceva che nella villa c'era una grotta, con una camera dove tutti correvano a rinchiudersi, quando c'era scirocco. In mezzo c'era una fontana, e attorno attorno animali che buttavano acqua, dalla bocca...

– Bella, doveva essere! Certo, a guardare ora!

Io ho queste piante, che lascio sempre fuori, chi se le vuole prendere, se le prende.

Giro lo sguardo. I vasi di terracotta sono poggiati su una mensola che ripara il contatore dell'acqua. Due piante ben curate: una di menta, l'altra di basilico.

– Però, non li hanno mai toccate, aggiunge, la vita passa! Ci vediamo! Quando si vuole fermare! Arrivederci! – Riprendo i miei sacchetti. La signora Carmela è di quelle persone che fanno stare bene.

Sfoglio con curiosità "Palermo Felicissima, di Nino Basile.

È proprio vero! Nel 1500, c'era la Villa Quattro Camere.

"Nell'entrata a più bagli, spaziosi e grandi. Un labirinto di mirti, con una piazzale nel mezzo, con montagna e grotta, con diversi giochi d'acqua e altre delizie.

...Questa grotta, seu camera di scirocco, è di fuori coperta tutta di edera, dentro è rotonda, con un gran vaso nel mezzo, e fatta a lamia, a volta, con fontana in mezzo e tutto in giro un lavoro di crocchiale con diversi animali per buttare acqua..."

Le pergole, i mirti, i granati, le rose alessandrine dimorano nella memoria di Carmela, e ora, anche, nella mia.

Salgo tre gradini ed entro in un salone ampio. Statue dorate di stucco, fanno bella mostra di sé. Il pavimento, di mattoni di Valenza, raffigura le favole di Ovidio.

I tetti sono dipinti e fioriati d'oro; seguono poi quattro camere, due per parte.

Intravedo una statua di Venere, è ancora intatta.
Mi avvicino, la posso vedere meglio. Ma no!, ha un braccio rotto, e un'espressione arcigna.
Sulle pareti sono dipinte delle scene erotiche, molto spinte.
Don Carlo d'Aragona, duca di Terranova, Principe di Castelvetrano, proprietario e costruttore della villa, non aveva gusti molto raffinati. Eppure, alla fine del settecento, in queste camere viene celebrato un matrimonio sacro.
Maria Antonietta Lo Faso sposa Antonio Giusino. Non sono nobili, ma appaiono molto felici.
Mi viene voglia di tornare indietro.
Mi incammino tra terre coltivate e altre, aspre e piene di roveti.
Un profumo intenso di terra, appena bagnata da un'acquazzina, misto a muschio e finocchietto dolce, mi fa compagnia.
No, la zagara non c'è.
Siamo a dicembre, eppure la campagna attorno a Palermo, ancora, emana calore.
E all'imbrunire, sento un rintocco di campane. Si intravedono delle finestre illuminate, posso anche ascoltare delle voci, sembrano dei canti sacri.
Sono quelli del vespro.
Una carrozza tartaglia sulla strada, un fazzoletto di seta viene agitato a mo' di saluto. Da una bifora del convento una mano fuoriesce per qualche attimo.
Spesso l'amore non conosce regole.

Testimonianze critiche

" 'Le immagini sono il polline/ nel tempo in cui il vento/ si leva leggero', questa la chiusa del poemetto di Antonia Arcuri *Il giardino notturno*, e invero non si può parlare di un finale che conclude, quanto di un ciclo che riprende dal punto di congiunzione di fine e inizio: "Nella mia fine è il mio principio", parafrasando Eliot. Il poemetto della Arcuri principia con un ritmo da racconto, tipico della scrittura della poetessa siciliana; florilegio d'immagini, di coloriture, di accensioni improvvise nel timbro della voce, temperate dall'andamento prosastico, di cui dicemmo... L'intero poemetto è un frastagliarsi d'immagini come nel caleidoscopio, la risultante più sincera è una scrittura secca infine, ma che procede da un'asciugatura della parola che il lettore vive e sente nell'operazione iniziatica della lettura."

Nicola Grato

"Nuova la poesia dell'Arcuri, poetessa e psicoterapeuta di matrice junghiana, che, dopo essere discesa agli 'inferi' dell'inconscio con lo scandaglio della psicanalisi, riemerge, non per celebrare l'alienazione e l'io frammentato dell'uomo, secondo i moduli della poesia novecentesca, ma per costruire l'utopia dell'uomo del XXI secolo: la speranza in un mondo che difende le diversità e lo fa con metodi non violenti."

Mirella Genovese

Francesco Baldassarre

A GIOVANNI PAOLO II

Scoprire
nel Tuo corpo
il volto della Croce
accarezzare la nudità
del Tuo dolore
che mi sorride
Scoprire
che non sono più solo
che una luce rianima
la parola rimasta muta
sulle labbra
Scoprire
nei Tuoi occhi
un cielo sereno
un mare tranquillo
un fiore puro
Scoprire
che sono vivo
nella sofferenza
ScoprirTi
oggi che Sei andato via
ScoprirTi
oggi per averTi per sempre
Sapere
che mi aspetterai
con il Tuo amore...
Sentire
le Tue mani su di me.

IL MISTERO DEL LAGO

a mia moglie Grazia

Gocce di luna
posate sul lago
han sorriso nel vento
accarezzando colori

tenui
incatenati sul volto
il mio volto
sedotto e incredulo ...
Mentre il cielo
sorrideva all'alba
riversa negli occhi
cerulei
di un bimbo mai nato.

CHIAMERÒ

Chiamerò il vento
e nel cielo
volerò libero
Chiamerò la notte
che Ti vedrà
tra le braccia
di un bimbo
e poi donna
impazzire
tra le braccia forti
di un uomo
Chiamerò l'alba
per vedere il Tuo volto
nascere
nel nuovo giorno ...
Chiamerò il vento
per accarezzare la vita.

BALLATA DELLA MUSA

all'amica Annamaria Anzalone

E ballerai come bimba
sulla spiaggia bagnata d'agosto
e
ballerai per me, mentre
smarrito,
sarò lì a guardarTi
Ballerai aspettando l'alba
che avrà baciato il tramonto
gettatosi tra le braccia
di un sole stanco

Ballerai sulle mie ferite
bagnate dal sale
Ballerai sulle onde e sarà
ancora sera
dove un poeta consumerà
la sua vita ... Ballerai
e
le mie labbra arse
dalla malinconia chiameranno
il passato ... Ballerai
e
mi addormenterò accarezzato
dal vento.

DISABILITÁ

Sei
Sfinge che sfiora il mio corpo
Fuoco che brucia l'anima
Pianto che accende l'universo e
Si abbandona nei miei occhi...
Compagna muta e ribelle della mia
Vita.

LA DANZA DEI GABBIANI

Accarezza
libera
l'azzurro riflesso
nei giochi d'acqua
figli del cielo
penetra l'onda
gemendo
con la tempesta
del mare
e
godendo
si lascia cadere
sullo scoglio...
rifugio dei poeti.

ASCOLTO

Ascolto il mare
le sue onde
che guidano a riva
gabbiani smarriti
Ascolto la voce
del tempo
memoria
di pene antiche...
Ascolto
le timide parole
di una donna in amore
carezza
dolce e amara
della vita.

S'ALZA IL VENTO...

S'alza il vento
accarezzando
volti nudi
protesi
verso il mare
stanco il cielo
guarda il temporale
abbracciando
i suoi lamenti
prigione
dell'arcobaleno...
S'alza il vento
baciando la solitudine
delle parole
posate su velieri
che solcano l'orizzonte
sfidando indifferenti
il destino.

TESTIMONIANZE CRITICHE

"...La poesia di Francesco Baldassarre è rivelazione nitida e trasparente del suo sentire, nulla è superfluo, tutto è essenziale. La sua voce interiore si esprime con parole semplici e comuni per farsi sentire, cosicché le vibrazioni si estendono e raggiungono spazi sempre più ampi. È una poesia ingenua e libera e anche se attraversa problematiche complesse, come quella della disabilità, non perde mai né la forza immaginativa che gli permette di trasferirsi in una dimensione ideale dove poter inseguire un gabbiano in volo, né la forza dell'amore che gli consente di calarsi nella realtà umana per comprendere la sofferenza del fratello e aiutarlo a portare cristianamente la sua Croce.

La poesia di Francesco Baldassarre si libra verso l'alto ogni qualvolta, stemperate le passioni, rimossi gli ostacoli più ingombranti, la sua anima recupera un'intima serenità e si ripiega in un muto raccoglimento..."

Maria Antonietta Elia

"...Francesco Baldassarre si avvale di versi liberi, talora brevissimi ... spesso il poeta riesce abilmente a sfuggire alla pania della vacuità e della banalità..."

Periodico "Presenza" (Settembre 2005 Striano NA)

Anna Maria Letizia Bardelli

VERONICA

Nel crepuscolo della
Vita
Quanti sogni inesplorati
Inondano di rimpianti
I miei
Pensieri,
nel crepuscolo della
sera
faticosamente riesco
a salire la china
del mio percorso
stanco,
cercando ancora
una meta.
La nostra
Vita,
la nostra
storia.
Ho dovuto tingermi
La faccia di bianco
Come un
Clown,
sorridere mentre
le lacrime solcavano
il mio volto.
Porte della vita
Si chiudevano pesantemente
Sul tuo viso e sul mio viso
Senza ritegno con
Disprezzo, ma con la faccia
Tinta di bianco
Sentivo una grande
Forza invadere il mio
Corpo,
c'eri tu la cosa più bella
della mia
vita,

gli occhi mi guardavano con
ammirazione,
le piccole
braccia
stringevano forte il collo cercando
rifugio.
Quanti chilometri a
Piedi
Abbiamo fatto
Insieme
Quanta forza mi hai
Dato.
Voglio dipingere
Per te
Tramonti rosso
Fuoco,
voglio cantare
in modo che tu possa ascoltare
la mia
voce,
ascolta non ti sentirai
sola,
ascolta non sarai mai
sola.
Ci saranno per
Te
Tramonti infuocati
Cieli azzurri
Ma
Ci saranno anche momenti
Di ombre,
onde
altissime,
nuota con
forza
impadronisciti della
riva.
La solitudine,
i dolori,
falli diventare
l'infinito
nell'immensità dei miei
e i tuoi ricordi,
non piangere per questo,
piangi di fronte ad un bel
tramonto sul mare,

per un bel dipinto,
di fronte ad un giardino
fiorito,
non piangere per il nulla
non perdere tempo.

Sei una donna
Molto bella,
con la tua grande
educazione,
la tua
cultura,
la tua
forza.
Guardami sono il tuo
Specchio,
il tempo è volato
quanti ricordi,
non basterebbe l'eternità per dirti
che sei fonte di
vita
brezza
marina
connubio di
cielo
mani stracolme di calore,
coreografia di colori
autunnali
che gonfiano il cuore di gioia.
Quando sarà ormai
Un tempo scomparso
Non svanirà il mio
Volto,
il
sorriso,
la
voce.
Il ricordo riempirà la tua
Vita.
Sentirai dentro di te
Una grande
Forza,
quando tutto diventerà
passato
guarda, sono il tuo specchio,
mia grande BIRRI

sorridi
sarò sempre con te.
La tua
Mamma

GEMMA

Rosa melanconica,
tristezza di lilla sfumato,
frutto ardente
nascosto,
quanti tramonti sono
passati,
le nuvole di quel
tempo
sembravano svanite
ma non dentro il tuo
cuore,
sempre presente è la notte
tempestosa,
distesa rabbiosa di
dolore,
dall'alto della torre
dell'eternità
il tempo scompare ma
è ancora tutto
presente,
radici intrecciate
affondano giù nel profondo
della tua carne
straziata,
abbandona sull'aria leggera
l'urlo lacerante
di dolore,
è rimasto il ricordo,
di calde braccia amorose
della pelle
della mamma,
dei sogni profondi,
della vita
ormai perduta.

MIA IRIDE

Non vago più
Sperduta,
l'orizzonte mi indica
la strada che mi porta
a te,
non raccolgo più
brandelli del mio
cuore,
mi regalo ancora
il sorriso lieto della tua
giovinezza,
le labbra non sono più
serrate
da un accenno di
sorriso,
ho dovuto
aspettare,
quanto tempo
ho dovuto
aspettare,
ora non c'è più
l'ospite oscuro
nel mio
cuore,
sono qui,
il viaggio può iniziare
trattengo le tue mani
sei qui,
è finita
l'attesa,
le calde braccia di
mamma
ti stringono per sempre,
        mia   IRIDE

Graziella Bindocci

SIAMO
PRISMI RIFLETTENTI
DESIDERI DEFORMATI
DAL CALEIDOSCOPIO
CHE LI CONTIENE
E LI SCOMPONE
IN SCHEGGE
DI LUCE COLORATA
   SCOSTATO
   IL LEMBO DEL SIPARIO
   RICONOSCIAMO
   MASCHERE CIECHE
   SOFFERTE MARIONETTE
   SUL PALCOSCENICO
   D'UN TEMPO
   CHE SI CONSUMA
ECO PERTURBANTE
CHE PURE
CI APPARTIENE

*

ASSAPORO
COME UN VECCHIO VINO D'ANNATA
OGNI ATTIMO
DI NOTTURNE ORE DI VEGLIA
   IL PENSIERO LIBERO
   CAMMINA IN PUNTA DI PIEDI
   NELLE TENEBRE
   TIMOROSO DI DISTURBARE
   QUEL SILENZIO FITTO D'OMBRE
   LUNGO UN NASTRO
   DI ANNI FUGGITIVI
   E LONTANI RICORDI
RISACCA FLUTTUANTE
DI UN PERENNE PASSATO

*

NEL NON SENSO
DI DOLOROSA ETERNITÀ
DILATATA DALLA FORZA DEL DESIDERIO
UN TEMPO INCONOSCIBILE
DECOLORA TRISTI RICORDI
  SOLA NEL PROFUMO
  D'ACQUA FRESCA E DI LUNA
  NELLA CASA DELLA MIA NASCITA
  IL SUONO PERCORRE LA SERA
  RUBA IL VENTO
  NELLE FRONDE LA RISATA
LONTANO UN LAMENTO
QUASI D'ANIMA SMARRITA
NEI MIEI OCCHI
LA SETE DEL DOMANI

*

> *...e pianto ed inni*
> *e delle Parche il canto...*
> U. Foscolo

SOLDATO DI TUTTE LE GUERRE
IN DIVISA DI OGNI NAZIONE
INFANGATI SCARPONI
DELLA TERRA DEL MONDO
QUASI IN CROCE LE BRACCIA ARRESE
NEL FILO SPINATO
LA TUA CORONA DI SPINE
  CREA LA GUERRA
  EFFIMERI VINTI E VINCITORI
  NELLO SGUARDO D'AGONIA
  DEL CRISTO UOMO
  È LA PERENNE SCONFITTA
  DELL'UMANITÀ

*

FREDDA LUCE LUNARE
ARGENTEA FOGLIA D'OLIVO
  TRA NERE COLLINE ECHEGGIA
  GRIDO DI CIVETTA

        PAURA E MISTERO
        CELA L'OMBRA SCURA
CADUTE LE VESTI
COMPLICE LA LUNA
E VELLUTATA OSCURITÀ
SI LIBERANO I CORPI
CAREZZATI DALLE DITA DELLA NOTTE
DA BRIVIDO PERCORSA
          STELLE PUNTEGGIANO
          L'INFINITO SCURO
          DI OCCHI SOGNANTI
          DESIDERI PROIBITI
          L'ANIMA FERITA PIANGE
          LACRIME DI FUOCO

*

UOMO
DEL SECONDO MILLENNIO
NELL'IMPRONTA
DI GRIGIA ARGILLA
IN OCCHI
COLMI DI VUOTO
RIVELI PROFONDITÀ
IN CUI NELL'ASSENZA
SI ALTERNANO
IDENTITÀ DIVERSE
          CONDANNATO
          A DIVORARE SENZA SOSTA
          IL TUO MONDO
          LE LABBRA DOLENTI
          PER GRIDA D'AIUTO
          CHE NON ASCOLTI
          E CHE NESSUNO
          PIÙ HA IL TEMPO
          DI ACCOGLIERE

*

INCONTRARSI COSÌ
ATTRAVERSO GLI ABISSI DEL TEMPO
FRAMMENTI FLUTTUANTI
NELLE CORRENTI DELLO SPAZIO

SCHEGGE DI LUCE
DISPERSE E RIUNITE PIÙ VOLTE
E PIÙ VOLTE SCONOSCIUTE A SÉ

.........E PERDERSI ANCORA.........

PERCHÉ NELLE NOSTRE VITE
CIECHE E LIMITATE
ABBIAMO LA PRESUNZIONE DEL TUTTO
E BRUCIAMO IN UN ATTIMO
FAVILLE NEL VORTICE DEL DESTINO
CUI APPARTENIAMO
SOLO NELLA VIA
CHE TRASCENDE LA MATERIA
E L'IO NON È PIÙ PADRONE
NELLA COMPRENSIONE TOTALE DELL'ANIMA
IN UN AMORE CHE È DIMENSIONE INFINITA
CI RITROVEREMO IN UN FRATERNO ABBRACCIO

*

ORME DI POLVERE
DESERTO DI SASSI
MISERI RACCOLTI RIARSI
PREGANO CIELI DI PIOMBO
      SENO DI MADRE
      PRIVO DI NUTRIMENTO
      PAVENTA FAME
      CHE NEL COLORE ROSSO DELLA SERA
      INCEDE VELOCE FRA TERRE AVARE
      A COGLIERE FIORI DI BIMBI
SGUARDI ARDENTI
ODIO E RANCORE
MANI DISPERATE
IMPUGNANO MORTE
      RINASCE DAL FUOCO DI FENICE OSCURA
      UN DIO DI VENDETTA
COME MOLLE CRETA
SGRETOLANO SOGNI
COME DURI SASSI
CADONO I PENSIERI
      L'UOMO ARROGANTE VAGA SMARRITO
      NEL DESERTO DELL'ANIMA
      E AFFOGA
      IN AMARE LACRIME D'IMPOTENZA

TESTIMONIANZE CRITICHE

"...Secondo una analisi antropologica che diviene musicalità del ritmo, ma anche tensione al rapporto d'intimità con la spiritualità e la trascendenza si viene a produrre un dualismo forma-contenuto, materia-spirito che, se da una parte lega la voce della poetessa a quelle del passato, da un'altra le permette di approdare ad un mondo lirico nuovo, vergine ed incontaminato, dove poesia è: equilibrata organizzazione sia di discorso che di lingua, nella quale il termine assume gradatamente il senso di una conoscenza metarazionale-intuitiva, che non può essere raggiunta con le facoltà ordinarie della mente."

Lia Bronzi

"...Figlia del suo tempo, non lo rinnega ma lo vive da protagonista, si carica delle sue contraddizioni ed inquietudini per leggervi i territori del dolore, ma anche gli scenari della speranza e cogliere liricamente il nocciolo poetico che demistifica il reale dalle sue aberrazioni per ricondurlo alla pregnanza del Mistero che si cela in esso. Il 'fare' poesia diviene catarsi liberatoria autobiografica, ma al tempo stesso facoltà riesumatrice di quei processi interiori che definiscono un'antropologia etica più ampia, come ricerca del destino da parte della coscienza peregrinante dell'Uomo."

Silvia Ranzi

"...Non ci sono effetti sorprendenti, folgorazioni, scoperte risolutive, ma un affaccendarsi umile intorno ai riflessi di sé e degli altri, alle intersezioni fra sogno notturno e parole comuni, scambiate. La poesia sembra nata per continuare questo lavoro, quando la parola, e le linee interrotte di parole che si sono legate, insieme alla loro ambiguità, ritrovano la potenza di significare. Leggendo mi sembra che la penna, che l'Autrice sorveglia come un bimbo che dorme, si muova sulla carta senza premere troppo, senza sottolineare, lasciando che la parola attraversi il desiderio, e se è meritata e ben accolta, si faccia evocazione e nostalgia, memoria e speranza."

Adalinda Gasparini

Mariella Bottone

PREGIUDIZIO

Il pregiudizio
tiranno
impone dogmi
e crudeli ideologie.
Nell'assenza d'umiltà
la mente fa sua
l'infallibilità.

Se l'uomo potesse osservare
dall'alto sé stesso
vedrebbe il nulla.

Lontana da ricchezze e potere
l'ubbidienza è incondizionata
alla coscienza.
Nei valori della condotta
il giusto
vive nell'intimo
del quotidiano.

ANCHE STAMANI

Anche stamani
si risveglia il mondo
ubriaco, dondolante.

Distratto
osserva il declino
del potere umano.

IL PUDORE DELLA VERITÀ

Nessun incanto
da ideologie irrealizzabili,
calamità

e mode fatue.

Lontano da prebende
vive, il tempo prezioso
tessuto su carta.
Il desiderio d'indipendenza,
a volte, isola.

Resta l'ironia a dar forza
nutrita nel pudore
della verità.

IL PREZZO DA PAGARE

Il prezzo da pagare
per giudizi non graditi:
ostracismo, sentimento di vendetta...

La compassione
per il prossimo
rende impopolari.

Sana regola di vita
di chi rischia consensi.

L'OZIO DELLA SERA

Nel fitto dei cipressi,
canti e cingettii
su umida corteccia
di rugiada settembrina,
fertile rifugio di creature
aperture alari,
frastuono di fronde,
occhi neri e code ritte
interrogano il giorno
lucente del corallo giallo.

Gioiosa la natura
finché tutto sia compiuto
nell'ozio della sera.

VOCE NELLA VALLE

Una pioggia estiva
dona allo sguardo
atmosfera di linee cromate.

Nella distesa campagna,
anatre svolazzano
e rassettano le penne.

Alla finestra osservo
corse lungo il fiume,
la barchetta che portava il mio nome
fili di luna tra i capelli
di mia madre.

La voce nella valle,
l'amico capriolo
che al tramonto
cerca la sua compagna.

Potessi restare e fermare
I miei pensieri
fino al durar dei cieli,
sarei piuma
nei colori del creato.

CASABIANCA

Troppo veloci i treni
dell'infanzia,
le tue braccia verso me
tese e distanti.

Dolore di bambina
mai compreso.

E mentre negli occhi di pianto
ti portavo
una garrotta serrava la gola
nel tuo affetto
l'anima soffocava.

Rifugiata in te

oggi
serena, libera da affanni
in alto e "bianca"
diafana Aurora.

QUALE GRANDE AMORE

E in quel fiume
d'amore adolescente
cuori specchiati,
ebbri d'immensità.

Ti stringevi,
dal tuo animo
folle di dolore...
liberavo i sogni nel rosso
di nuove mattine,
nell'abbraccio l'Amore
sciamava dolce...
fragore di volo d'api.

Oggi,
il tempo,
fa lunghe le notti
la "stella" arde
ma appare sorda
al mio nome.

Il desiderio,
costante riflesso
nei tuoi pensieri casti
guida ad amor più grande...

NOI, PELLEGRINI D'AMORE

Quando leggerai
un sospiro di rose
e d'aria pura
tra capelli biondi,
le nostre strade
divise
in dolci sussurri azzurri.
Quanti silenzi a sera,
quanti perché senza risposte.

Noi, pellegrini d'amore
prigionieri di felicità negata
nel calice d'un fiore
seguitiamo nel viaggio
alla ricerca del bene sognato
come in un miraggio.

Nella tua dolcezza di bimbo
trascinerò l'attesa
d'un amore puro.

L'ETÀ SAPORITA

a Manuela Tarallo, al suo sorriso, alla sua voglia infinita di vita

Le sue labbra,
emozionate
soffici calamite
di *rose adescatrici*
portavano alla deriva.
Maliziosa
sfuggiva ai baci e morsi,
lui ancor s'innamorò.

Saporita quell'età
fatta d'oceano e uragani,
acquietata
tra gli alberi frondosi
nell'entusiasmo ballerino.

I DUBBI DELL'UMANITÀ

In alto
la certezza.

Nell'imperscrutabile
si sciolgono i dubbi
dell'umanità vagabonda,
liberata da angosce e paure
destituite
dal limpido firmamento.

Paolo Broussard

Da *Quia absurdum*

SEI COME SPAZIO IPOTIZZATO

L'hanno saturato con cellule spionistiche.
L'hanno imbrattato di razzismo;
per l'occasione hanno rispolverato la retorica dell'orgia,
la contrazione gerarchica del duologo.
Hanno creduto di domarlo come acciaio rovente,
sondarlo come mente squilibrata,
sovvertirlo con esperimenti termonucleari.
Hanno ambito stringere il suo respiro staccato nel pugno del predominio.
L'hanno cercato distante mentre è solo distanza che fugge.
Scrivere che è incommensurabile prova un dialogo fra scarabocchi.
Il cervello che s'inoltri, intuendone e vivendone recentissimi sememi,
dovrà nascere o cancellerà l'aggettivo come delirante facezia.
Tentano di costruire la politica atomica con la sua trasparenza.
Valutano analogie sistematiche
per schermare in estensioni neutrali le macchinazioni della violenza.
Lo assalgono con le propedeutiche transitive del delitto e della maniera.
Propongono di gestirlo con scacchiere psico-operative
sul pendio della mediazione scientifica.
Scavano i suoi silenzi potenziali con bisturi d'idrogeno
e lo ricamano con gli assoluti speciosi dell'acido lisergico.
Drizzano nel suo cuore le reti antimissilistiche del sospetto, della sfida.
Con diecimila milioni di anni - l'inconcepibile di una cifra -
cercano d'inquadrare solo oggi
radiomessaggi di Quasar nella lucidità del capire.
Diecimila milioni di vibrazioni
che precedettero il cuore dell'uomo, il fiore delle sue acque acerbe,
destinano oggi nella marea noogenetica l'immagine dell'energia
che denuda nuove istituzioni comunicative.
Anche le Quasar conducono appena lo spazio.
Tremano come sue radici nella sete dell'indeterminabile.

Il loro sviluppo è accecante sostanza di nessi in celerità che si lacera.
Nella solitudine le Quasar sono schema appannato dello spazio,
l'insonnia vertebrale delle cose.
Ma gli ideologi manipolatori insistono.
La materia di cui si servono
(cieli, traiettorie, armi automatiche, schiavismo occulto, membra, rantoli)
è l'anemica rappresentazione delle energie spaziali
dal doppio segno contraddittorio.
Tutto accade perché la faccia sia salvata contro l'uomo
che imputridisce in nuove e più ferree elucubrazioni di classe.
Non è lo spazio se premono cognizioni dell'avere,
problemi per una giustificazione
che rende funzionante l'assoluta cavità di un linguaggio esclusivo.
Pagina che avvolga la disponibile questione della verità umana
come il sudario ogni corpo franto, è la successione dello spazio.
Ciò che depotenzia un ostinato controllo delle autonomie
è la sua penetrabilità che lo dilata e lo avvicina agli organi del senso,
alle aperture degli smarrimenti e dei paragoni definitivi.

TESTIMONIANZE CRITICHE

"Informata alquanto (e positivamente) sulla psicologia leopardiana (e non sembra d'altronde estraneo un riflesso vichiano), con l'innervatura della psicologia poetica dell'autore, mistica ed essenzialistica, questa traiettoria verso spirituali palingenesi, verso essenziali sublimi catarsi."
Battista Froggio

"*Poesia difficile*. Ma esiste poesia facile? All'accusa di oscurità Paolo Broussard può rispondere che nessuna poesia si può intendere senza una sorta di abbandono musicale da parte dell'ascoltatore. Forse – come diceva Onofri – la poesia non si capisce con l'intelligenza perché le immagini sono allegorie misteriose non prive di logica, ma trascendentale, sono vizi di stile proprio come i vizi della scolastica medievale impigliati nella gemmante freschezza dei *fedeli d'amore*. Esseri e cose ed entità sono tornati infatti in un'atmosfera albale come per una magica inaugurazione. Parlano, puri, come fiumi alla sorgente ma con parole troppo adulte. Sono in uno stato arcaico: come se aspirassero ambiziosamente ad un rinascimento poetico. E la stessa esaltazione mistica posta come dato obiettivo è pregio e difetto ad un tempo per la incapacità lirica di rendere domestico il mito assoluto. Si aprono, infatti, zone inesplicabili di vertigine in cui il prodigio tenta di rompere la crisalide ed il pensiero naufraga estatico."
Pan

"... ed il metafisico Broussard"

Mario Apollonio

"Poesia vigorosa, nata da commossa contemplazione del mondo, maturata in quasi mistica chiave di sentimento cosmico, che si evolve in espressioni di particolare coralità. Canto della nuda pena umana, sofferto con impeto spirituale profondo.
L'interiore fermento della poetica contemporanea non ha qui solo divariazioni formali, ma si fa intima contemplazione delle cose del mondo, su un piano filosofico di meditazione cristianamente configurata.
Una delle voci piò vive della moderna poesia religiosa."

Alda Angelini

"L'uso di un verso lungo e di un tono profetico risulta adatto a questa poesia che tende a farsi cosmogonia e, in un certo senso, addirittura teologia, secondo una visione cristocentrica dell'universo che vuole superare di slancio l'impasse costituito dalle poetiche contemporanee, di cui Broussard evidenzia la frammentarietà."

Giovanni Ramella Bagneri

"È certo che la validità delle tematiche, affrontate con estrema coerenza fin dalle prime pubblicazioni degli anni cinquanta (Broussard è autore anche di vari studi in ambito filosofico), sigilla la sua originale quanto interiorizzata progettazione: fedele alla cognizione della realtà ipostatica, si realizza in 'un empito di spiritualità che solleva e consola' (Bargellini)."

Guido Miano

"Ogni parola del dettato di Broussard è un superamento del vuoto *nominalismo*. L'inesauribile *pervasività* del linguaggio non è, per Broussard, uno scoppiettio di fuochi fatui, al contrario, è brillare di valori e di consonanze, generati da una *fantasiaraziocinio* che è alimentata da *una nuova visione*. *Intelligere est videre*. Visione pervasiva, che può esser detta *fede*, fede filosofica prima che teologica. Ma fede non nel senso di un arbitrario *supporre* qualcosa, bensì nel senso di *fiducia*: fiducia nell'*essere* e nelle *forme dell'essere*."

Silvestro Mazzer

Marianna Bucchich

DONNE

Un ammasso globale
di rigonfi, rotondi abiti neri
il volto coperto
una gigantesca piazza
ricoperta di donne
inginocchiate.
Non c'è sole
solo ombra
nemmeno un raggio
batte sulla schiena
di queste donne
di un popolo che non conosco.
Non conosco la loro guerra
né le loro preghiere.
Vorrei rivolgermi a loro
alzarle da terra
e gridare "Chi siete?
A chi appartenete?
Chi vi ha sottratto alla luce?
Chi domina i vostri corpi?"
Ma non ho voce,
tanto non mi potreste sentire,
siamo lontane anni luce.
Eppure a ben guardare
dalle fessure dei vostri occhi nascosti
c'è una muta preghiera, una richiesta di aiuto.
Chissà se un giorno potremo incontrarci...

L'ENIGMA

Ritrova la tua anima
quella che hai perso per strada
frequentando bordelli fuori del tempo,
i più pericolosi.
Io – pur ingenua –
te l'avevo detto: attento!

Ma tu non capivi
e io non sapevo.
C'era solo a terra
una bottiglia vuota di whisky,
ma tu non bevevi...
Dormivi di giorno
uscivi di sera
sparivi nella notte.

PENSIERI

Sono un misto di cose
sono l'isola in tempesta
sono una gatta sotto il sole
giocattoli a iosa
da buttarsi nel vento
in modo che io possa volare,
diventare un airone
e poi discendere
baciare la terra di Parma
dove sono nata,
le dolci Valline.
Essere felice e infelice
guardare un fiore
ricordare l'infanzia
quell'orizzonte
per il quale volevo partire
e partii.
Era Roma il mio sogno,
la mia destinazione.
Non me ne sono pentita.

INCONTRO COSMICO

Fu un incontro cosmico
io e te nell'aria
non so dove
tu già partito per ignoto universo
io fra le braccia di un altro.
Non so trovare altra ragione
se non l'inconscio
incondizionato barlume
che mi rimanda a una notte di luna.
Forza divina

volle un giorno
tu leggessi in nascosto pensiero
passato e futuro.
Altro dire non so
se non che l'erba
che ci avvolse bagnata di rugiada
oggi ingiallita
ricopre il prato
dove avremmo potuto
correre felici.

Da *Le zie sulla riva del mare*

L'ARRIVO A TRIESTE

Vidi gli alberi infilarsi uno dietro l'altro, non capivo perché andassero così veloci in senso contrario. Ero su un treno ma non sapevo cosa fosse, ero così piccola e non potevo ancora conoscere la realtà. Solo gli alberi mi risultarono familiari. Il mio adorato papà mi stava seduto accanto. Lui era tutto per me, fu solo lui a contare nei primi anni della mia vita. Eppure avevo una mamma, ne sentivo la mancanza, ma non ho un'immagine precisa di lei a quell'epoca, solo un senso di vuoto e la tristezza per non averla vicina.

Quando arrivammo a Barcola il sole mi parve una grande palla rossa e gialla che calava nel mare. Il cielo turchino sconfinava in una nube lilla. Piccole luci brillavano sull'acqua: erano le lampare.

"Trieste!" gridò mio padre "Ludovica, guarda il faro!"

Lo vidi dominare il golfo, luminoso e stupendo, come lo ritrovo ogni volta.

Ricorderò sempre quel momento, la mia piccola mano di bambina che si alzava lieve in segno di saluto alle tre zie affacciate al balcone della casa di via Paduina. Non so se furono le loro mani ad alzarsi per prime nella sera illuminata dalla luna. Poi si accesero improvvisamente tutte le luci e il loro volto felice all'arrivo mio e di mio padre a Trieste è come se lo rivedessi ancora.

Mi svegliai la mattina e non capii al momento dove mi trovassi. Ricordo solo il parquet dove era posato il materassino sul quale avevo dormito e una bambola al mio fianco. Sollevai gli occhi e vidi sul letto accanto un volto di donna che mi guardava. Era la zia, ma io ancora non conoscevo il significato di questa parola.

In uno sprazzo di quella maternità che a Matilde era stata preclusa nella sua vita di zitella, mi lanciò un dolce sguardo e mi chiamò: "Ludovica, vieni qui!" Mi fece subito salire sul suo letto. Tenendo stretta al petto la mia bambola mi avvicinai a quel corpo ancora a me sconosciuto.

Avevo poco più di tre anni, ma ogni volta che ritorno in questa città che appartiene al mio cuore, provo una strana emozione, la stessa eccitazione che provai allora.

Di quel mio primo soggiorno in via Paduina ne ho un ricordo in parte nitido e in parte sfocato. Di zia Maria e zia Emma ricordo poco, e dei due prozii austroungarici un senso di timore nei loro confronti. Zia Matilde invece è rimasta chiara nella mia mente. Un album in pelle contiene le foto scattate dal prozio Aurelio che sono per me un dolce documento di quel periodo, anche se probabilmente sentivo la mancanza della mamma. Io sto sempre attaccata a mio padre, spesso seduta sulle sue ginocchia.

Le zie mi avevano agghindata alla perfezione: un bel fiocco sulla testa e un graziosissimo vestitino con un collettone bianco merlettato. La bambola penzola dalla mia mano, come abbandonata.

Mi guardano e mi amano: si vede.

Sfoglio l'album... Io e mio padre lungo il Canale, davanti alla chiesa di Sant'Antonio Nuovo, poi in piazza Unità circondati dai piccioni, un piccione sulla mia testa e un bambino che mi osserva ammirato. Sul molo Audace spiccano le barche con gli alberi dall'alto pennacchio.

Noto due foto suggestive scattate il giorno di Pasqua nella grande camera da pranzo. In una io tengo in mano un piccolo uovo, le tre zie guardano nel vuoto con un sorriso spento, mentre il prozio Augusto è seduto a capotavola con una faccia truce; nell'altra, appoggiata al bracciolo di una seggiola antica, con sguardo corrucciato osservo mio padre che invece ride e ha denti bellissimi.

Chi ha scattato le fotografie è stato il prozio Aurelio, fratello di Augusto. Erano due scapoli impenitenti con i quali le zie continuarono a vivere dopo la morte della nonna. A loro erano quindi zii e così io stessa e mia sorella li chiamavamo.

LE ZIE SULLA RIVA DEL MARE

Ho fatto un sogno. Le tre zie erano allineate sulla riva del mare, indossavano dei costumi da bagno strani, in testa delle cuffie altrettanto strane dai molteplici colori: zia Matilde bianca con delle margherite, zia Maria a spicchi verdi e rossi, zia Emma gialla con delle piume attorno. A lato s'intravedeva il castello di Miramare.

"Zia Maria!" esclamai.

Improvvisamente le altre due zie lasciarono la riva ed entrarono nell'acqua fino a scomparire...

Era rimasta solo zia Maria: ora portava un vestito corto, chiaro, i capelli le si scompigliavano nel vento. Mi guardava e mi sorrideva.

"Zia Maria!" esclamai di nuovo. Feci per andarle incontro...

Ero commossa, poi la mia commozione si fece così forte e intensa che mi svegliai.

Ripensando alle zie, è come scoprissi per la prima volta che, pur essendo nate e vissute in un'isola e in una città di mare, non le avevo mai viste entrare in acqua.

"Come mai?" mi domando, soprattutto perché quando le conobbi erano ancora abbastanza giovani. Non le avevo notate nemmeno in costume da bagno, escludendo una fotografia di zia Maria, sorridente sulla riva del mare a Hvar, con un prendisole a righe che le arrivava fino alle ginocchia.

Un altro particolare riaffiora nitido nella mia memoria: quando io e mio padre in una giornata estiva, da Trieste raggiungemmo zia Matilde a Porto Rose. Era ospite del capitano e la trovammo vicino al porticciolo con un costume intero, piuttosto accollato, di colore scuro. Notai le sue cosce ancora bianche e le gambe che chissà perché teneva allargate, come fosse sulla prua di un'imbarcazione. Era imbarazzata...

Ora penso ai microscopici bikini che felicemente portano tutte le donne, che io stessa amo portare e a tutto il sole che si può prendere durante l'estate, anche se "il sole non è più quello di una volta".

Oltretutto le zie raramente ci accompagnavano al mare, ma ci aspettavano precise all'ora del pranzo mentre noi ritornavamo trafelate dal bagno Savoia.

Ci aprivano la porta col solito ritornello: "Correte a tavola, zio Aurelio è già seduto!"

Anna Maria Carletti

ELBANI NEL MONDO*
(6 settembre 2004)

Era Settembre e nell'antica piazza**
nata a ricordo di un lontano amore,
sfogliava il vento pagine di un libro;
storie toccanti, storie di una vita
segnata dall'impronta del dolore;
immagini di volti ove rideva
il tempo dolce della primavera,
immagini di volti ormai segnati
dal gioco triste e grigio dell'autunno.
Ed eran gli emigranti nella piazza
in un incontro fatto di sorrisi,
di lacrime, di abbracci, di parole
che l'emozione a tratti scoloriva.
Io li guardavo e intanto il mio pensiero
lontano andava a piane sconfinate
là dove si rincorrono le onde,
lontano andava agli stranieri lidi
racchiusi nel respiro di quei mari.
Nell'animo, nostalgico scendeva
l'amaro degli addii senza ritorno.

* Titolo del libro che narra storie di emigranti (autori G. Gennai, R. Figaia). Presentazione.
** Piazza La Vantina (Capoliveri). Dal nome della donna amata da Napoleone durante il suo esilio all'Elba.

SULLA SPIAGGIA DELLE GHIAIE

Era il mattino e l'aria ancora fresca;
lontano, all'orizzonte, qualche vela.
Sull'acqua il volo lento dei gabbiani;
l'azzurro si sfaceva sulla riva.
Camminavamo là sopra la ghiaia,
dipinta col colore della neve.
Sul viso, qualche goccia di salmastro;

negli occhi, la carezza di un sorriso.
E giocavamo al gioco delle onde,
a chi tirava il sasso più lontano
e l'acqua si sfaceva in grandi cerchi.
E cercavamo i vetri colorati,
dai bordi lisci e dalle forme strane
e le conchiglie sparse tra la sabbia,
là sulla riva dove l'onda è stanca.
Ed erano i mattini dell'estate
quando nel cielo brillano le aurore,
quando a occidente non tramonta il sole.
Se, andando sulla spiaggia, in riva al mare,
là dove l'onda si distende stanca,
vedi un vetrino dai contorni lisci
o una conchiglia immersa nella sabbia,
raccoglili, ti prego, non lasciare
che l'onda li trasporti chissà dove.
Regalami un istante di quel tempo
quando a occidente non calava il sole.

IN BICICLETTA

Ed andavi veloce nel vento
che leggero sfiorava i capelli:
ed andavi veloce nel sole
che baciava l'azzurro del cielo.
Quante corse nel grande piazzale
che si adagia davanti alla scuola!
Quante corse tra i verdi viali
dei giardini affacciati sul mare!
- Sono bravo, nonnina, mi vedi? -
E le ore passavano in fretta;
ed il cuore, in quel rapido andare,
ad un tratto tornato bambino,
mi portava con te dentro al vento,
mi portava con te dentro al sole.

PALESTINA

Terra di Canaan, terra d'Israele,
così risuona negli antichi scritti
il nome del tuo suolo che il respiro
disperde sotto i cieli dell'Oriente.
Là dove il sole muore nel tramonto,

i lidi tuoi profumano di mare;
il rosa delle aurore nel mattino
illumina le acque del Giordano
che la sua corsa rapida e scoscesa
di Tiberiade il lago lento placa
ed il Mar Morto poi nei gorghi accoglie;
del Libano s'innalzano le cime
dove i confini segna il Settentrione;
si perdono nell'alito del vento,
le sabbie del deserto che ai tuoi piedi
si adagia nel silenzio delle dune.
Risuonano tra il verde di vallate,
tra il pungere roccioso delle alture,
le misteriose voci dei profeti.
Si stagliano al vagare dello sguardo,
di antichi re le sagome imponenti
e di Mosè maestoso il volto appare
dipinto là del Sinai sui crini.
E dolce nelle terre di Giudea,
di Galilea e della Samaria,
si aggira la figura di quel Cristo
che nel sapore amaro della croce,
sul Golgota ci aprì la via dei cieli.
Vaga la mente verso ignoti lidi
sperduti oltre i confini dell'azzurro;
nell'animo, leggero come neve,
pare adagiarsi il volto della Pace.
Ma un pianto antico simile a rugiada
non cessa di vagare dentro l'aria;
piange l'ebreo i giorni dell'esilio
là presso il sacro muro di quel tempio
che al mondo parla di lontani fasti;
scuoton la terra grida di dolore
per l'infuriar dell'odio che impietoso,
attorno scaglia il gelo della morte.
Terra di Cristo, terra senza pace,
terra dipinta col colore rosso
del sangue che dai corpi se ne fugge.

MINIERA

Rosse colline luccicanti al sole,
vagoni grigi sopra le rotaie,
oscure volte delle gallerie,
suono assordante di motori ansanti:

miniera, ti distendi in faccia al mare
e con le tue colline tocchi il cielo.
S'aggrappa in mezzo ai sassi la ginestra
dai fiori gialli del color dell'oro,
ti manda il bosco attorno il suo profumo
e appari bella là su quelle cime.
Ma nei mattini grigi dell'inverno,
penetra il freddo tra le rozze vesti
degli operai intenti alla fatica,
ed alle membra giunge e le raggela.
E quando il vento forte di libeccio
infuria amaro contro la montagna,
nugoli rossi del tuo minerale
sferzano il viso, offuscano la vista;
e nei meriggi caldi dell'estate,
in mezzo alle tue dune il sole avvampa
e di sudore grondano le fronti.
Son bruni i volti, ruvida la pelle,
rosse le vesti e nello sguardo amaro,
dipinta è la durezza della vita
di chi guadagna il pane alla miniera.
Così, vedevo il volto di mio padre,
a sera, quando a casa ritornava;
brillava tra le rughe il minerale
e dentro gli occhi suoi si dipingeva
appena l'ombra di un sorriso stanco.

IO TI CERCO

Era l'Inverno e il cuore troppo stanco,
nel petto diffondeva il suo lamento.
- Vedrai che a Primavera - le dicevo
- quando più caldo il sole coi suoi raggi
dissolverà del gelo il triste manto,
ritornerà nei battiti il vigore. -
Ma in un mattino tiepido d'Aprile,
mentre nell'aria lento il mezzogiorno
si diffondeva a un suono di campana,
tu mi porgesti l'ultimo respiro.
Un gelo atroce l'animo mi avvolse
e piansi le mie lacrime più amare.
Ti cerco dentro al vuoto delle stanze,
mi volgo attorno in un'attesa vana,
lo sguardo poso sopra una poltrona
e a lungo resto immersa nel ricordo.

Poi, quando il sole muore e si fa sera,
ti cerco lassù in alto dentro al cielo,
ti cerco negli spazi più lontani,
ti cerco dentro al lume delle stelle.
Che cosa non farei per ritrovarti,
per pettinare il bianco dei capelli,
per porgere la mano al passo stanco,
per riascoltare il caldo della voce
che pronunciava un nome, il nome Anna.

Testimonianze critiche

Anna Maria Carletti appartiene agli ultimi cavalieri gentili della poesia che continuano a sfidare il gelido inverno di questo mondo bruciato dalla cattiveria e dall'egoismo.

L'autrice, nelle sue opere, non indugia mai in parole inutili nel descrivere i moti del cuore.

La sua poesia passa leggera come un vento di primavera e ci fa provare nostalgie e rimpianti per tutte le cose belle che abbiamo perduto.

Sono poesie pure come l'acqua che nasce dai ghiacciai delle grandi altitudini.

Romano Battaglia

Lei sta con serenità dipanando il filo di un suo cammino coerente dentro il labirinto dei sentimenti.

Colgo la sua originalità non contestabile in una tenacia ammirevole di identità e di privatezza che lei non ha smarrito nel tran-tran quotidiano, così simile a quello della gente con cui ciascuno di noi vive. C'è un solido e buon sentimento.

Gaspare Barbiellini Amidei

La capacità narrativa, l'inclinazione alla poesia, la profondità dei sentimenti che pervade i suoi versi, sia che descriva con stile chiaro e leggero i paesaggi, le spiagge, il mare, i tramonti, sia che parli con affetto di personaggi cari alla sua memoria, fa di questa scrittrice un'autorevole voce della letteratura elbana.

Ufficio Stampa Comune di Rio nell'Elba

Poesia la cui scorrevolezza rivela accorta meditazione e fine cesellatura; sono versi che vedo in mano ai semplici che con immediatezza ne colgono l'incanto; ai più giovani che possono innamorarsi di antiche risonanze; ai più esperti che hanno bisogno, talvolta, di un profumo più saporoso quale quello del pane di prima mattina che innamora di sé il risveglio degli uomini.

Don Gianfranco Cirilli

Giorgio Carpaneto

L'ACCARTOCCIATO FRULLO DELLE FOGLIE

L'accartocciato frullo delle foglie,
prima che si confondano
nell'oscuro selciato,
prego che sia preludio
di rifiorire

L'ho troppo scontato quel giorno
per cui nacqui,
quella luce promessa e presentita.

Libero dalla pelle,
in purità, Signore, possa sperdermi
in Te, possa confondermi
nel Tuo respiro in atono abbandono.

Marzo 2006

NEL TRAMONTO IN CAMPAGNA

Nell'addio sfavilla il sole:
alta, gelida la luna
svicola tra i sentieri aspri del cielo
inondati di rosa.
Curvo è il tramonto d'attesa.
Ora men vivo è il palpito
delle foglie raccolte attorno al tronco;
stupite le rocce ripensano
la luce tra gli squarci,
tutto trepido trema e si confonde:
l'ora della paura s'avvicina.
Notte,
fumido mare di nero,
mistero a cui giunge la vela,
stanca della vita di un giorno:
Dio, la mia notte seconda,
splendi nel mio tramonto!
Ch'io non ti sappia immite

quanto più t'avvicini;
ch'io non ti senta come brina
su foglia accartocciata!
Luce di vespero, luce di prece,
i comignoli fumano svagati,
le campane rintoccano di suoni
languidi e grigi;
il mondo straziato si sprofonda
nella notte che spera nel sole.
Fiamme di luce appaiono
di tra la sorda nebbia:
son fuochi fatui nel tetro
cimitero del mondo.
Notte, sei morte?
Morte, mi sarai notte?

SUGGELLO

È passata la fiera che ha portato
un lembo di città
per la strada difforme del paese;
sono stati alla messa sgargiante
a piè del Santo
fermo tra i ceri dopo il pencolare
di ieri in processione.
Ora è notte e nel cielo in attesa
sfrecciano razzi sibilanti, scoppiano
e caduchi si sfanno a rubare
fra tuoni e sfavillìi
all'arcobaleno i colori.
Questo è il suggello per ciò ch'è passato:
La cascata di fuochi rapisce
col naso in aria e con la bocca aperta.
Ci si dimentica fame e sete
e il sudore versato sulla vanga
dura che non affonda.
Ora il cuore ritorna bambino
al pastore
e trasognato ignora il suo gregge
con il disseminato tintinnìo
che al nuovo sole lo risveglierà.
E domani la vita ricomincia.

Dicembre 1957

COME GOCCIA IRIDATA

Goccia iridata di pioggia,
spersa ne l'aria con un volo obliquo,
ti sento nel frantumarti
di schianto nella pozzanghera.
Con te si sfanno
senza reagire
le nuvole che languide passarono
bianche, orlate di sole,
nel mio giovane cielo.
Al folgorare del mio desiderio
risponde l'oceano
della torbida notte
che soffoca pallide luci.
E in fondo cala il tesoro
dell'oggi tramortito,
spinto alle grigie rive
d'un ignoto domani.

L'AQUILONE

Il mio spasimo mozzarespiro
e il lungo desiderio inappagato
hanno spinto nel cielo l'aquilone
che vibrante di carta in tensione,
sfida con sinuoso slancio l'impeto
degli aerei marosi.

Ma l'avvio sì vivace
non serbò le promesse sognate
dal cuore a un volo d'ansia assicurato:
uno squarcio gridato al suo cammino
pei cieli ostile,
e l'aquilone in brandelli è caduto
fulmine spento a terra
con gli smorzati colori
arsi dal navigare in mondi puri.

SEMAFORO

All'altro marciapiede
con un fremito sordo di gambe
che t'increspa la gonna aderente,

attendi che il semaforo
ti taccia l'occhiolino,
per darti all'ansia il passi
verso l'opposta sponda.
Ecco: s'arresta il fiume della strada,
ed io che t'attendevo,
circuendo pensoso il tuo mistero,
ti vengo incontro, ma presto m'accorgo
d'esserti solo un paletot cammello:
gli occhi tuoi non mi parlano;
sento che non esisto.
Non ti vedrò mai più. Forse sei un sogno
che s'è disciolto nel mio fermo lago;
forse sei voce udita con il cuore,
e passi come il fiume della strada
che s'arresta ogni tanto, quando s'apre
l'occhio di fuoco del pigro semaforo.

VERDI FANCIULLINE

Le foglie inquiete al ramo che le nutre
s'insólano di oro
e a le mani del vento
spennellano l'azzurro
d'un cielo pacato.
Ride il sole tra i rami
alla ludica giostra
di verdi fanciulline:
giochi ai venti d'estate...
né alcuna è già presaga
d'un imminente devastante autunno
spinto anch'esso dal crudo
passaggio dell'inverno.

T<small>ESTIMONIANZE CRITICHE</small>

"Le virtù espressive (nitore, limpidezza, equilibrio, misura)... l'arte poetica di G. Carpaneto lo rende poeta validamente moderno."
R. Frattarolo

"Poesia pensosa intessuta di dolorosa esperienza incentrata su temi universali sorprendentemente rinati in un genere rivisitato."
S. Pasquazi

"Poesia sorretta da una profonda cultura e da una religiosità appassionata..."

Giorgio Bárberi Squarotti

"Espressività e fedeltà della traduzione raggiungono il massimo... tutto è vivo e pieno dell'eterna sapienza del popolo... Carpaneto è sempre fedele agli autori latini e greci originali e ha saputo renderli vivi avvicinando, oltre la lettera, il loro spirito a quello nostro."

A. Traglia

"La sua poesia segue con slancio immediato le emozioni subitanee e vive di disperazione e di gioia con un linguaggio limpido in cui l'analisi sottopone la parola alla spontaneità e all'intensità del sentimento."

Santino Spartà

"Dote del Carpaneto è la facilità di dissoluzione del verso in musica, è una conquista formale singolare che recupera il valore fonico nella direzione di un discorso lirico disteso e comunicativo con freschezza di ritmi e di suggestioni evocative."

G. Scarsi

Franco Castellini

Inedite 2008

COME O QUASI IN CONFESSIONE

Se adesso spegnessi la luna tutto
sarebbe freddo e vano.
Non fatemi, però, ingoiare vuoti di luce
né, più penosa ancora, la storia
che torna a quando cercavo quanto
di ombra meno venisse agli altri, ovvero
quella sui picchi di un monte al sole
o sulla piana lunga lungo il mare.
Se l'alba volesse poi incontrarmi
attenderò che il giorno porti una fiamma
più calda di ieri e che la voglia
di vivere ancora, sotto e fuori la pelle,
dipinga sorrisi e stupore come
ai tempi di allora quando, sull'erba
dai morbidi teli, le mani tendevo
per prendere in volo almeno una rondine.

IL COMPLEANNO DI CELENTANO

Proprio ostile non sono al molleggiato,
oh! ci mancherebbe altro! Trovo però
bizzarro quel futile rumore di riviste,
tv e quotidiani, per i settanta anni
del tenebroso Adriano. Comprendo
che il re del rock debba e voglia
mantenere i riflettori sempre su di sé
accesi come il giovane cantante della via
Gluck, ma non può, la mente mia,
dare facili consensi a un uomo che non è
il Papa ma solo un *povero* autore,
e *povero* si fa per dire, perché
viaggiando su ruote di resina nera,
raggiunti, ormai, gli spazi alti,

ha vinto fortune ingenti prima ancora
che albeggiasse nuova l'altra Befana!

FORSE SARÀ...

Peccato, ma ho bisogno anch'io
non solo di creare quanto di sentirmi
oggetto del clamore letterario,
di uscire dal tanto anonimato
e rompere con l'umiltà
che nacque in me da sempre
vissuta dentro ignuda di quel che
il mondo, con meno del molto poco
e lungi dagli scrupoli e fatiche,
agevolmente poi tanto si guadagna!
E più rileggo dunque gli scritti miei
e più mi convinco allora che tanto
poi non siano da lapidare se riescono
ancora a scuotere le coscienze e
dicono perché la società moderna
d'amore abbia bisogno... di lunga pace
e che, per far rinascere un sorriso,
si debba sempre chiedere a noi stessi,
almeno un minimo di senso morale
e tutto gridarlo ai venti per non
sentirci, umanamente, morire invano.

ANZI, PEPPINO...

Quel lieve e minuto avverbio, è più
di un caro vivissimo ricordo!
E pare tuffarsi nel tempo trepido
di quando il sole cresceva
azzurro e il giorno, a sera, morire
mai sembrava potesse ancora!
Memorie di cieli aperti
ai sogni non di un'infanzia soltanto,
ma di quella gioventù di fuoco
calda del fiato umido dei sensi.
Qui, lungo questa striscia di mare,
persino la luna oggi più non sorride;
e, se greve è il guardo sulla piana
lontana, nel saluto del sole ritrovo

appena un sorriso, ma nessuna pietà.
E non pietà per gli occhi miei già
stanchi; e non per le membra mie pigre
e lasse ormai. Così va il mondo:
terra che non ha memoria, anima
che prova ma non ritrova la luce sua.
E noi, purtroppo, quella nostra antica!

VIETATO... VIETARE LA VERITÀ

Non può, qualsiasi umano, ferire
il pensiero di un altro fasciandolo d'inganni
e parole. Dico, e senza nessun timore,
che, come un'edera di bosco, io mi lego
a quei principi che attingono soltanto
al pozzo prisco dell'*una* unica morale.
E se ancora esiguo, pare, il numero
dei saccenti che credono di sviare
le ferme verità creando controversie
in seno all'universo degli eccelsi, allora
ognun di noi scriva sulla fronte: "*vietato...
vietare la verità*" perché sia noto al mondo
che mai del seme antico il Cielo dirà la fine.

SCENDE LA NEBBIA...

E quella scarsa luce a nulla
vale se mai venisse meno
una scintilla che incendia
l'anima e la mente
lasciando l'uomo sulle assolate
onde del Sahara.
È colpa dell'Alzheimer
se il sole è caduto anzitempo
e grigia una luce permane
all'orizzonte?
Intanto la scienza studia il futuro
dell'uomo convinta
che la soglia dei cento e più vent'anni
sarà felicemente superata.
Ma quanti saranno immuni dal morbo
di Alois lo scienziato?
Che Dio non castighi e voglia,
nel Suo perdono, che ai pochi nidi d'oggi

non debbano seguire quei tanto penosi asili
per ospitare un giorno i vuoti della mente!

TRA LE NEBBIE DEL '38

Ieri è passato da poco e forse
si dirà di un altro quando della morte
non ci sarà ragione di parlarne ancora.
Passano giorni e anni,
ma di color che furono allora,
il ricordo, penso, non è poi vano.
Poche le notti e i giorni
per annullare quei rumori sordi
delle ciabatte all'ombra
di carcasse umane vaganti
tra la nebbia e un sole senza luce.
E perle di pianto cadute
non bagnano quell'arido
tessuto dei sensi.
E non meravigliamoci, fratelli!
Ho detto io, fratelli? Via, non scherziamo,
mai lo siamo stati!
E oggi, nel giorno di quella *shoà*,
nulla della triste *memoria!*
Lontano è il moto del vento
che spense lo strazio di tanta gente
ridotta come cenere di sigaro
dal pazzo protagonista antisemita.

TESTIMONIANZE CRITICHE

"(...) il libro è colmo di straziante bellezza, tanto più alto quanto più malinconicamente consapevole della fatica del vivere, del tempo e delle persone perdute, della trepidazione dolcissima dell'amore e dei viaggi. (...)
Insomma, sei arrivato a un livello luminoso di poesia. Se verrò a Pescara, per d'Annunzio, vorrei proprio presentare il libro, se ci sarà l'occasione (...)."

Giorgio Bárberi Squarotti

"Poesia vera e della trasparenza questa del medico Franco Castellini che già avevamo conosciuto (...) ed oggi ci è caro ribadire il nostro pensiero, acclarato dal bel testo *Dalla penombra le mie parole* dove, dal silenzioso impianto autobiografico, (...) si sprigionano variegate sfaccettature che hanno come denominatore comune il valore e la dignità dell'espressione poetica che è colma di velata malinconia, (...) ma animata da sincere aspirazioni alla solidarietà, alla promozione culturale ed umana, con tensione spirituale e positività di fondo, che fa bene a chi la legge, per il messaggio aurorale che emana. Ma dal giro perfetto dei versi, che è tutt'uno con le cadenze musicali della partitura, emerge una speranza escatologica, che non intacca o diminuisce l'importanza degli impegni terreni..."

Lia Bronzi

"Franco Castellini incarna in sé la figura rara di un artista a tutto tondo, di colui che sa cioè coniugare il sentimento del pensiero con i risvolti della quotidianità.

Va soprattutto segnalata la poliedrica valenza della sua esigenza d'espressione, che in ogni veste (letteraria, plastica e visiva o critica) svela una fonte intellettuale davvero inesauribile. Nella sua scrittura c'è la grazia di una parola che è sempre propositiva, un gesto lirico che va al fondo delle cose, spaziando dalle speculazioni filosofiche, come in 'Vento dell'anima', allo stupore dei versi dolenti e intrisi d'amore e di 'Ti penso, figlia mia, spesso così', fino ai risvolti socio-antropologici, che pongono più di un interrogativo al lettore con le liriche incisive 'Lunedì dell'Angelo' e 'Eternità'."

Vincenzo Zanetto

"(...) Castellini usa, per il suo discorso poetico, un tono cordialmente comunicativo, come all'interno di un richiamo alla confidenza (...). I ponti più alti del libro sono quelli in cui Castellini scatta, dall'occasione anche minima, alla visione cosmica, come in *2 gennaio 1993*, come in *Avanti l'alba davanti al fiume*, come nel componimento a me dedicato, come *In una notte di luna*, come soprattutto in *Come fosse*, senza dubbio uno dei culmini poetici del libro per la vertiginosa evidenza del passaggio dal piccolo dettaglio di vita alla visione celeste, che trasferisce allora l'intero impasto di triti fatti e gesti dell'esistenza nella prospettiva del testimone supremo che sta nei cieli. (...) come poeta, Castellini, mira alla essenzialità lirica (...) Poesia d'anima è questa, e non per nulla la parola ritorna così spesso nel libro, e non si tratta soltanto di un uso metaforico e d'abitudine, ma dell'oggetto autentico della poesia, così come ne è la sorgente e la protagonista (...).

Giorgio Bárberi Squarotti

Eva Casagli

Da *Il profumo del mare*

Vento da Sud: scirocco o mezzogiorno. Sembrava proprio il caldo scirocco, il più afoso nella rosa.

L'aria impregnata di umidità, appiccicosa, pesante tanto da rendere faticoso anche soltanto parlare, il cielo adombrato di nubi minaccianti pioggia da un istante all'altro. Tutto faceva pensare che quella mattina fosse arrivato lo scirocco, deciso ad improntare il resto della giornata con i suoi effetti più tediosi.

Nell'infinito, etereo spazio sovrastante la città, si enunciava una logorante lotta tra i raggi del sole e le grigie nuvole che barravano loro la strada, lasciando filtrare, a piccoli sprazzi, solo una flebile, debole luce. Lontana, molto lontana dall'amata luce meridiana, protagonista di assolate giornate in cui cadeva dall'alto in una gioiosa esplosione di colori, così forte da abbagliare la vista, accendendo le emozioni in un beffardo inganno del tempo. Quando il sole risplendeva in un cielo carico di azzurro, non esisteva tempo e non esistevano stagioni. Poteva essere piena estate, oppure una giornata primaverile che ne annunciava il lieto arrivo, poteva trattarsi dell'autunno nella sua sorprendente versione più mite, in richiamo del calore passato, o di un ribelle momento invernale deciso ad interrompere un clima più rigido del consueto, mostrando come al Sud il sole riuscisse a brillare sempre e la sua luce a trionfare su tutto, con diverse sfumature di una luminosità comunque sempre intensa, unica, incomparabile. L'intensità della luce del Sud.

Con il tempo scandito dal sole e dal vento variava anche lui: cambiavano le sue tonalità di verde e blu; cambiava la sua immagine, talvolta quieta e rassicurante, contornata da un cielo radioso, infuocato da quella folgorante luce, altre volte di una forza dirompente scatenata dalla gelida tramontana, capace di spaventare o sedurre in un profondo e personale richiamo, altre ancora di una grave immobilità creata da un grigiore diffuso intorno e non scalfita minimamente dalle sue leggere increspature.

Il mare appariva così nello stato di generale sonnolenza portato dallo scirocco, che calava su tutto e tutti un pesante velo di indolenza. Sembrava invece ridestarsi quando era agitato dall'arrivo di onde, mentre le nubi sopra scomparivano, scacciate dai freddi ma ripulenti venti del Nord, preludio al ritorno dello sconfinato azzurro terso.

Salvatore non finiva mai di stupirsi di fronte ai suoi mille cambiamenti, agli innumerevoli aspetti assunti anche da un momento all'altro. Si sentiva trascinato dalle vive tempeste che seguivano, loro sì, una cronologia temporale, manifestandosi in tutta l'irruente violenza in inverno. Ne restava sempre impressionato, colpito dalla smisurata forza di un evento naturale sfuggente ad ogni controllo umano, di quel mare infuriato che forse così proprio all'uomo si ribellava. Ed amava anche l'altro suo opposto volto, quando sembrava riconciliarti con te stesso ed il mondo intero, riflettendo con un luccicante scintillio il cielo sgombro da nuvole.

Tra tutti, quella mattina, aveva assunto l'aspetto a lui meno gradito: grigio sopra, il cielo, e grigio sotto in una continuità angosciante, con piccole perdenti increspature risucchiate nell'immobilismo generale.

Proprio quella mattina il tempo sembrava essersi messo d'accordo con il vento per far sì che tutto, e lui per primo, riflettesse il suo stato di inquietudine interiore.

Mentre respirava l'aria salmastra, godendo del suo permeante profumo, pensava che proprio quella mattina il mare doveva mostrare quel volto, lasciandolo con quella immagine, salutandolo così tristemente.

Sperava in un cambiamento rasserenante, sperava che la giornata finisse per riuscire a scrollarsi di dosso l'insolita oscurità che avvolgeva la città tutta e il mare. Guardava in alto, poi rivolgeva di nuovo i suoi occhi quasi imploranti verso di lui, desiderando fortemente che lo sentisse, che lo potesse ascoltare come sempre, mentre nella lotta tra nuvole e sole malauguratamente vinceva sempre il cinereo plumbeo, però ancora non pioveva, non ancora.

Scrutava il mare, Salvatore, il mare infinito e l'orizzonte lontano, standosene accovacciato lì, in un angolo di mondo sotto all'antica colonna, l'ultima rimasta tra quelle di un tempio greco del V sec. a.C., dedicato ad Hera Lacinia. Si ergeva solitaria, fiera, sul promontorio di Capo Lacinio. Sembrava tenuta su dalla ferrea volontà di testimoniare e rappresentare qualcosa oltre i secoli: un'antica, illustre realtà.

Kroton, in un remoto e glorioso passato, era stata una città della Magna Grecia, di cui, intorno al V secolo a.C., fu la maggiore potenza politica. *Aliae urbes, si ad Crotonem conferentur, vanae nihilque sunt*[1], si usava dire a quei tempi in riconoscenza della sua grandezza. Fu sede della Scuola medica, effigiata di prestigio dall'opera del krotoniate Alcmeone e della Scuola pitagorica, fondata proprio qui da Pitagora, richiamato nella città dalla sua già celebre fama. Giuntovi intorno al 528 a.C., esule da Samo, per un certo periodo ne fece il maggior centro di attività scientifico-culturale e di vita spirituale del mondo occidentale.

Un patrimonio storico importante, un'impronta lasciata nell'anima della città, della sua gente ellenica.

Un'antica illustre realtà che si scontrava però dolorosamente con il contesto circostante, dove poco più di quella colonna era rimasto delle glorie di un tempo.

La scelta di andarsene da Kroton per frequentare l'Università dopo gli anni del Liceo Classico era stata una scelta obbligata, un percorso che mol-

---

[1] Le altre città sono niente paragonate a Kroton.

ti prima di lui avevano fatto e molti altri avrebbero dovuto ancora fare.

A Kroton non esisteva nessuna facoltà universitaria che onorasse le sue origini e la trascorsa fama, tenuta ancora simbolicamente in vita da quella colonna ed affidata ormai soltanto a personaggi rievocativi di un lontano periodo d'oro, in cui la città eccelleva in diversi ambiti e discipline, come il primo medico Alcmeone, il sapiente Filolao, l'atleta Milone, trionfatore ai famosi giochi di Olimpia che per oltre un secolo, dal 588 al 480 a.C., videro atleti krotoniati tra i vincitori delle diverse specialità, eguagliando l'eccelso primato di Sparta.

Con quel passato di ricchezza e bellezza, sfumato nel tempo come una vana illusione, conservato da una memoria personale in cui era amaramente confortante rifugiarsi di tanto in tanto, e con la dura realtà del presente davanti agli occhi, Salvatore, nella ricerca di un'Università di un certo livello e di consolidata tradizione, doveva lasciare la sua terra, il suo mare.

Sarebbe potuto andare in un'altra città del Sud, per mantenere una vicinanza in chilometri corrispondente ad una vicinanza di usi, costumi, ambiente, luce. Ma quali prospettive future avrebbe avuto? Non si sarebbe comunque ripresentata l'esigenza di partire verso il Nord? Seppure ancora giovane, queste erano domande che gli si ponevano con il loro fardello di responsabilità, gravante su di lui già a quella giovane età.

Il Sud, per quanto terra bella, calda e calorosa, ricca di cose da offrire e potenzialità da sviluppare, era sempre stata la parte più arretrata del Paese, fin dalla lontana Unità d'Italia, quando al dominio conservatore dei Borboni seguì uno stato di caos in cui si impose il fenomeno del brigantaggio, mentre i retaggi di un'economia agricola a base latifondista e la mancanza di adeguate vie di comunicazione isolavano sempre più questa realtà, allontanandola dal resto d'Italia.

A diversi decenni di distanza, purtroppo, quella "questione meridionale" che allora si impose persisteva ancora, presentando vecchie e nuove problematiche in cerca di una reale risposta, che però sembrava non arrivare mai, mettendo così i giovani di fronte a difficili scelte obbligate.

Salvatore se la prendeva, ma senza nessuna consolazione, con i mille buoni propositi e le promesse dichiarate a gran voce nei programmi elettorali dei partiti politici, in cui un capitolo veniva sempre dedicato al famigerato "sviluppo del Mezzogiorno". Uno sviluppo mai realizzatosi in modo significativo ed omogeneo per problemi e piaghe di cui tutti erano coscienti, ma penetrati e legati a tal punto con la storia, la cultura di quelle zone, da richiedere un grande, corale, sincero impegno per riuscire ad estirparli. Di questo impegno, evidentemente, non si era ancora capaci. Non lo era per primo proprio lo Stato, troppo spesso accusato di latitanza da certe difficili realtà. Per lui questa costituiva la verità più drammatica e sconfortante da accettare, perché sembrava offuscare ogni speranza di cambiamento, lasciando tutto affidato alla Malasorte.

I giovani vedevano quindi prospettive diverse per il loro futuro in altre zone del Paese e così, se sarebbe comunque stato necessario partire dalla propria città per studiare, allora tanto valeva, pensò, affrontare subito l'inevitabile radicale distacco e trasferirsi in una di queste zone.

Separarsi dal felice, spensierato passato di ragazzo e partire da Kroton, per sé stesso, per la sua vita. Sembrava strano solo a pensarsi, eppure era proprio così.

Strapparti dolorosamente da qualcosa di tuo, fuggire da questo qualcosa per te stesso, per poter trovare altro che però ancora non esiste. Lo devi cercare, creare e nel frattempo non sai a cosa aggrapparti: al ricordo di quello che conosci, di quello che per te ha rappresentato fino a questo momento, oppure al vago pensiero dell'ignoto? Farsi pervadere dalla fiducia in quel qualcosa da costruire tenacemente nel tempo, dal rimpianto per tutto ciò che Kroton non è, non più, o dalla speranza in una prospettiva di futura rinascita?

Questi pensieri trascinavano Salvatore davanti a quel mare tinto di un blu cenere, cupo, grigio come il suo umore.

Era la mattina del suo ultimo giorno a Kroton, prima della partenza per un luogo lontano.

Una bella Regione, una storia e una cultura a definirne l'identità, tradizioni incastonate nel tempo, nel territorio, così vario, capace di incantare in ogni sua mutevole espressione. Dalle dolci colline con la loro campagna che, sempre curata e coltivata ad arte, cambiava nel tempo, scandendo con differenti colori e singolari scenari il succedersi delle stagioni, e nello spazio, sorprendendo per i diversi aspetti assunti, integrati in una simbiosi naturale con il verde della rigogliosa vegetazione, al mare, costeggiato da odorose pinete o da una macchia mediterranea a ridosso degli scogli, con i suoi angoli di paradiso e le sette isole gemme del Mediterraneo, alla montagna ricoperta di boschi, in prevalenza di lecci, abeti e castagni, verdi in estate e candidamente innevati in inverno.

Una terra, come un'immagine iconografica dalle tinte variabili, capace di sedurre in modo naturale con paesaggi da ammirare, piccoli borghi caratteristici e città che trasudavano storia, arte, cultura, ma così diversa dalla sua Calabria, da quella bellezza aspra, per certi versi struggente e malinconica di certe zone, dalle sue tradizioni, dall'eclettica luminosità, dagli indimenticabili sapori e così lontana dal suo mare, il Mar Ionio, *u mar'amaro. Amaro* per l'alta concentrazione salina delle acque, ma simbolicamente anche per le coste che bagna.

Coste frastagliate, appendici di un paesaggio a tratti deturpato da segni evidenti di un abusivismo scellerato che offuscava il valore di ben altre risorse naturali e monumentali presenti, testimoniando drammaticamente l'esistenza di problematiche socio-politiche la cui irresoluzione soffocava lo sviluppo di questo territorio, vanificandone le potenzialità.

A tutto ciò si contrapponeva, confondendo pensieri ed emozioni, la ricchezza paesaggistica delle culture delle viti adiacenti al mare, dei grandi ulivi dalla folta chioma e, più verso l'interno, degli agrumi che in primavera rallegravano l'ambiente con i loro bei fiori ed in autunno inebriavano l'aria del gradevole profumo dei suoi frutti, animando la zona prospiciente le alture della Sila, l'imponente e sempre verde montagna.

La Sila, con i folti, sconfinati boschi di pini ed abeti, con i paesini arroccati, sembrava guardare quel paesaggio costiero dall'alto, quasi a volerne mitigare l'asprezza ed attenuare le tracce tangibili di una difficile realtà, cingendolo con le sue bellezze naturali che si accostavano, seppure in modo e da posizione diversa, al fascino delle limpide, lucenti acque del mar Ionio, in un continuo turbinio di sensazioni opposte, suscitate da quel vasto territorio così pieno di stridenti contrasti.

Il cuore si stringeva di fronte a certi suoi innaturali deterioramenti, sottolineati da un aspetto a tratti impervio e arido, per poi aprirsi, con un senso di liberazione, allo spettacolo del blu cristallino delle acque che, di giorno, con il rosso caratteristico della spiaggia di Kroton, davano vita ad un incredibile quanto toccante gioco di contrasti e luci, mentre vicino agli scogli diventavano sempre più scure, nascondendo la profondità degli abissi, fino ad assumere un blu cobalto, quasi nero, al calar della luce.

Era allora che il mare mostrava tutta la propria immensità, il fascino misterioso del suo essere una forza naturale superiore a tutto il resto, senza limiti e confini in nessuna direzione, ed incuteva, allo sguardo di chi lo aveva potuto conoscere davvero ed amare, un'indescrivibile attrazione e nello stesso tempo un religioso rispetto.

Con le sensazioni trasmesse da una bella, rigenerante nuotata, da un'apnea a caccia delle grandi cernie o dei dentici rosa in quel ricco tratto di mare sotto Capo Colonna ancora vive dentro di lui, e con lo sguardo sempre fisso all'orizzonte dal punto di osservazione privilegiato del suo angolo segreto in uno scoglio a picco sul mare, Salvatore partiva, lasciandosi dietro quella terra dimenticata da tutti, ma certo non da chi vi era nato, l'aveva conosciuta in ogni suo aspetto ed amata, per andare incontro ad un futuro ancora incerto, sconosciuto, in una città estranea. (...)

L'ambiente che lo aspettava alla fine del lungo e travagliato viaggio, come annunciato dall'ultimo tratto osservato dall'Interregionale, era lontano dal suo tutti i chilometri percorsi e forse ancora di più.

Fu come risvegliarsi in un altro mondo...

(stralci dai Capp. I, III, V)

Franco Chiocchini

PENNÌCI DE LA TÒRFA

Er zapore d'agosto
se sente si te sdraji
ammalappena
e cerchi a ruzzoloni
su la rena
du' spalle ambrate
da l'abbronzatura,
ch'arisvéjeno tutta la natura.
Occhi de specchio
co arifrèsso er celo,
sò spèrzi
mentre fisseno distratti,
rilievi che divènteno campagna,
tra sbarzi
e saliscénni de montagna.
Vallette,
scapicolli senza fine,
sgarupi de colline
che scénneno liggère,
da sotto quer profilo ritajato
de bosco verde
che diventa prato
mentre se spanne vèrzo la pianura.
Stradacce da paura, intorcinate,
che 'nzeguono sentieri,
mulattiere arampicate
tra corbezzoli rossi de cerase.
Costoni senza case,
co in arto li cespuji d'agrifojo
rotti da 'n vento freddo
de ponente,
che sale raso raso su dar mare.
E sopra, 'n farco nero, solitario
prepara la rapina
e ggira e ggira,
e manna 'n urlo lungo,
disperato,

sottile come 'n tajo de cortello
che lacera er ciarvello.
Poi sùbbito se bbutta a capofitto
vèrzo un antro delitto.
In basso 'na strisciata de pianura
indóve l'olivelli e li canneti
fanno da spónne
ar letto de Rio Fiume,
che scénne tra l'incroci de vallate
e in fónno se dilata
quanno passa l'Urelia
e l'atostrada,
asciutto pe' la secca de l'estate.
Mo è solo pozze d'acqua
cristallina,
ciòtoli bianchi,
ricordi de collina
martoriata
da mijara d'inverni
sempre uguali,
e neve e temporali,
gelate come córpi de scarpèllo
battuti da 'n martello
de chissà che scurtóre,
che se stenta a chiamallo Creatore.

NOTTE

La luna pare un bùcio immagginario
ne l'univerzo de la sofferenza.
Er tempo è fermo come 'n calennario
appeso ar muro de l'indiferènza.

Cala er zilenzio, come 'n gran zipario,
su la scèna der mónno, e la coscènza
nun vede l'ora d'archivià er carvario
d'un antro giorno d'odio e de violenza.

La notte porterà giù 'n fónno ar core
mo freddo e gèlo, mo tìzzi de brace,
mo rinunce, mo un frèmito d'amore.

E appoco appoco, quanno tutto tace,
a chi veja darà 'n antro dolore,
a chi s'addòrme porterà la pace.

DA PINO AR MARE

L'imboccatura stretta tra li blocchi
indóve er mare pare che se schianta,
oggi è tutta 'n brillà che accèca l'occhi;
è 'n invito a sognà che propio incanta.

Co l'acqua che te supera i ginocchi
córi incontro a 'n'onnata, che t'agguanta,
rubbànnote un zoriso tra li fiocchi
de spuma che sse spànne tutta quanta.

Er giòco smalizziato de l'onnate
'sto mare l'arigàla ogni momento.
Occhi socchiusi ar zole de l'estate,

capelli d'oro scapijati ar vento,
ner celo azzuro nuvole incantate,
sur mare azzuro un luccicà d'argento...

ATTACCAPANNI

Tornànno a casa, propio ne l'ingresso,
te pòi levà er cappotto o la giacchetta,
la scuffia co li guanti, la sciallétta,
pe' conzervalli fino ar giorno appresso.

M'appènni addosso un fríccico de vita,
'na ventata de moda e quer zapore
de 'a tristezza che nun è dolore
ma ricordo de gioia ch'è finita.

Io, sempre er primo a dìtte "bentornata!",
sò sempre pronto, sempre innamorato,
ciò l'anima de legno verniciato
e un core che sopporta la piallata.

Mentre che dormi certo nu' lo sai
come trascóro ar callo la nottata...
Poi la matìna, appena preparata,
t'ariprènni la vita... e te ne vai.

VERZO SERA

Un rosso fòco sopra a l'orizzonte
impórpora 'na nuvola sfrangiata
che m'accompagna ne la passeggiata
pe' l'univerzo che ce sta de fronte.

Tra celo e tera er mare fa da ponte.
Invita er core a fà 'na traversata
e a ritrovà la gioia ormai passata
come l'acqua sortita da 'na fonte.

Allora me ciazzàrdo e a l'improviso,
tramezzo a 'na visione tanto bella,
te guardo e m'arispónni co 'n zoriso.

Ma mentre 'st'illusione pare vera,
laggiù verzo ponente c'è 'na stella,
che brilla e m'aricorda ch'è ggià sera...

CHI M'ACCOMPAGNERÀ?

Giorno pe' giorno tu m'hai accompagnato
come facènno scòla a 'n ragazzino;
reggènnome pe' mano ner cammino
de tutta l'esistenza che m'hai dato.

Passo su passo stànnote vicino,
tanto eri viva, che me sò imparato
a sopportà 'sto monno disperato
che a l'ommini je tocca pe' destino.

Tanto eri forte, che me sò creduto
me potessi guidà fino a la morte.
Fin lì, pe' dàmme l'ùrtimo saluto.

E invece, senza fàtte ariposà,
va tu a capì che giòchi fa la sorte,
sò io che mo te devo accompagnà.

SOFFERENZA

Da 'na finestra chiusa, dietr'ar vetro,
in zilenzio arincóro 'sta città.
Àrberi, case, e quello che ce stà...
se distènne giù giù, fino a San Pietro.

Un'arba chiara, aperta sur dolore,
ritaja un orizzonte sconfinato,
cor cuppolone ar centro der creato
che si lo guardi te se prènne er core.

Mo er giorno ch'aritórna piano piano
ce porterà 'na sofferenza sola:
'no strìllo... che nun bàsteno le mano

pe' ricacciàllo giù drent'a la gola.
Tratanto er mónno scóre, e da lontano
attìzza la speranza che nnun vola.

Sara Ciampi

TRAMONTO SUL MARE

Seduta sulla tiepida battigia
guardo il sole morente all'orizzonte
e cullata dal mormorio del mare
ricordo nostalgica e solitaria
luoghi cari alla mia gaia infanzia.

Percorrevo serena e felice
la lunga passeggiata di Nervi,
mentre alte, bianche e spumeggianti onde
schiaffeggiavano la nuda scogliera,
scaldata dagli ultimi fiochi raggi.

Correvo spensierata sulla spiaggia
incantevole di Forte dei Marmi,
mentre i riflessi d'un rossastro sole
tingevano il cielo d'un pallido rosa,
smarrendosi nell'acqua azzurrina.

Ma non così dolce e ameno è il tramonto
per noi, misere creature inermi,
che giunte all'inesorabile fine
della nostra effimera esistenza,
prive d'una nuova e radiosa aurora,
ci inabissiamo nel gelido e buio
mare della morte per l'eternità.

IL FANCIULLO

È mattina.
La valle bagnata di rugiada
si desta col primo sole d'agosto.

Laggiù nei boschi
regna la più profonda calma
mentre una leggera brezza stormisce
tra le folte chiome.

All'improvviso nei campi
odo grida festose:
è un fanciullo!
È felice
e corre libero tra i prati in fiore.

L'allegrezza di quei momenti
sfugge dai suoi occhi vivi
mentre si rotola tra i freschi fili d'erba.

O dolce creatura,
piccolo amico d'un età tanto cara,
assapora la giovinezza!

Fanciullo mio,
gusta questo tempo di gioia e serenità
perché un dì
la crudel vita ti farà dimenticare
la spensieratezza di questi anni
e tutto sarà soltanto
il più soave dei ricordi.

LA FESTA

Nella penombra della mia stanza,
oppressa da cupi pensieri,
ricordo una festa d'altri tempi
ricca di sfarzi e d'allegria.

Uomini e donne danzavano lieti,
si divertivano e scherzavano
spensierati come dei fanciulli
ignari dei mali della vita.

Ma ai primi bagliori del mattino
finì quella festa così gioiosa
e tutti tornarono alle loro case
dopo la felicità
di quell'indimenticabile notte.

I sordi rintocchi delle campane
della vicina chiesa
mi riportano ad un triste presente
di fugaci piaceri,
pieno di sofferenze e atrocità.

Questo è il destino dell'intera umanità,
che dopo ogni trastullo e gaudio
è condannata mesta a ripiombare
in un mondo di lotte, travagli
e di continui affanni e asperità.

NOTTE DI LUNA PIENA

Che calda notte d'estate!
Affacciata al mio balcone
contemplo la natura
mentre odo nel più profondo silenzio
un dolce concerto di grilli.

Nelle tenebre
ogni creatura dorme tranquilla
baciata dalla carezza della luna.

Raggi argentei
imbiancano la nuda terra
dai monti fino al mare.

E là, in quella distesa d'acqua
così cupa, così impenetrabile,
la luna viene riflessa
in tutta la sua bellezza.

O luna,
regina delle stelle,
imperatrice del firmamento,
perché adesso ti nascondi
in mezzo a quelle nuvole?

Forse, o magnifico astro,
ti celi tra nubi così scure
perché anche tu provi ribrezzo
nell'osservare la Terra
colma di ingiustizie e dolori.

E che raccapriccio alla vista della morte!
Pallida luna,
come ti comprendo!

E in poco tempo
tutto il paesaggio piomba

nel tenebrore più assoluto.

SOLITUDINE

Timidi raggi di sole
penetrano nell'oscurità della stanza,
scaldandola con un dolce tepore.
O amato sole, quanto somigli
alla calda luce della felicità,
che rischiara le tenebre della vita!

Nel profondo silenzio della camera
solitaria e pensosa
ricordo il passato.

Passeggiavo su un ponte
ascoltando volentieri
la voce del fiume;
poi mi soffermavo
a guardare graziose anatre
che lì, scherzando tra loro,
sguazzavano felici.

Osservavo i ragazzi
che tutti insieme
gridavano di gioia,
vivendo quel caro tempo
chiamato gioventù.

E tu, solitudine,
mi accompagnavi sempre
ovunque andassi!

O solitudine,
opprimente amica
della mia più fresca età,
solo tu sei stata capace
di invecchiare la mia giovinezza!

UN MONDO DI GUERRE

Popoli di molte nazioni,
generazioni intere
vivono gli orrori della guerra.

E qual strazio, qual dolore
porta sempre la guerra
ai civili innocenti,
ma talvolta com'è necessaria
per il trionfo di pace, libertà e democrazia!

Ogni epoca conosce la sua guerra,
la drammatica lezione di Storia
che accomuna tutta l'Umanità.

TESTIMONIANZE CRITICHE

"Sara Ciampi è poetessa e spedita narratrice, di sicura presenza nel contesto letterario italiano, proprio per ciò che ha realizzato, da questo punto di vista, nella vita... Da un'attenta rivisitazione della poesia, e della storia personale di Sara Ciampi, ne emergono ardui itinerari esistenziali, dov'è rintracciabile l'azzardo del volo, pur in un difficile transito, per la presenza del dolore fisico e psichico. Ella procede, nell'intreccio uomo-natura, nel senso che la "phisis" si rivela in una trasfigurazione panica e metafisica, sensibilmente avvertita: nel cielo, nella terra, nelle acque, nella neve, nella pioggia, nei fiori, nei prati, nel cosmo tutto, ma anche nella presenza allegra di giovani con i quali non può condividere la notte di San Silvestro poiché: "Stanca e malata". L'amore per la natura dona alla poesia un carattere monodico e sinfonico, al contempo, dove sono presenti civili riferimenti alle ferite che l'uomo le apporta, con il proprio dissennato comportamento... L'effetto che se ne evince, dal punto di vista concettuale, è che il rapporto uomo-natura deve trovare una diversa dimensione, da quello formale: un'orchestrazione ad effetto, nell'espansione dell'energia vitale, colta sia nel radioso che nell'ovattato sentimento che nasce dal fluire delle stagioni, mentre l'elemento equoreo, presente nella vita di Sara, con il mare di Forte dei Marmi, se da una parte è distensivo e solare, dall'altra, per contrasto, evoca uno sradicamento dal reale, una voglia d'astrazione nell'infinito..."
Lia Bronzi

Rocco Aldo Corina

Da *Poesie - Dagli anni giovanili ad oggi*

CANTO SUI MONTI

Canto sui monti
il mio dolore
dove ancora
il delirio mi consuma.
E l'amica, l'amica
d'altri tempi
insegue le viole.

Passano pure le nuvole
mentre vanno le stelle
a dormire nei prati.

Questa volta
rimango sulle pietre.
Io canto il mio dolore.

Questa volta
l'anima si spegne
come il sole.

RUANDA

Non cercare la felicità, amico
perché tu già ce l'hai.
Cerca invece l'amore
che forse ti manca
e donalo
dopo averlo trovato
al povero, al debole, al malato.

Di là c'è un vecchio che non ha casa
che non ha luce né gioia né speranza
ma neanche lacrime in viso.
Di là c'è un bambino abbandonato

a un destino non voluto, non cercato
non desiderato
e un fanciullo che non conosce il sorriso
ma solo il rumore dei colpi
d'una mano forsennata e omicida
che miete vittime all'improvviso
nelle buie ore della vita
ove è solo scempio di morte.

Strappa allora dal tuo cuore l'egoismo
e brucialo per sempre sotto i tuoi occhi
divenuti buoni.
Strappa dal tuo capo i capelli
ormai disordinati per le umane colpe
non ancora redente.
Affliggi il tuo corpo col dolore
che attanaglia la vita del misero fanciullo
per soffrire come lui, come il vecchio
come loro
ma solo per capire il dolore che è nel mondo.

Perciò ravvediti, non chiedere l'impossibile
accontentati della semplice vita
del tenue calore, del piccolo cielo
e soprattutto non cercare la felicità
perché già ce l'hai.

NON TROVERÒ PACE

Non troverò pace
nelle notti.
Io conosco i ricordi
del crepuscolo.
La tenera spiaggia
raccoglie segreti
e le mie illusioni
si snodano sui rami.

LUCE D'AMORE

Fiume odoroso
palpito di ghiaccio
questo mondo di anime
infinite

distrutte dagli anni
violenti
confortate
dall'amore di Dio.

AMOR CHE AMOR PRODUCE

Portaci anche tu in giro per il mondo,
poiché ami la vita, la musica e l'amore.

Dettomi questo, ad una ad una le vidi
passarmi avanti indicandomi la maestra via.
E furono nove le Muse dagli occhi lucenti:
Clio, amica della storia,
motivazione dà alla vita.
Ma la dolce musica è di Euterpe
che amor divino infonde.
Talia, invece, con l'umile commedia
aiuta l'uomo a gioire.
E Melpomene, con la tragedia, la vera poesia
ti dona.
Fissa subito quel verso senza paura
ché è "molto elevato e sublime"[1]
e Tersicore poi cerca, la danzatrice
che il cuor rallegra.
E ancora Erato dalla bella poesia d'amore
che ti darà l'estasi. Ma coltiva pure
l'eloquenza per affascinare il mondo.
Perciò avvicinati a Polinnia,
abbracciala e stringila forte al petto.
E Calliope ama che i cuori accende
come al tempo degli antichi eroi.
Da lei riceverai la virtù e il bene
e con Urania, infine, scoprirai l'universo
gaio e scintillante
che vibra negli occhi tuoi di cielo.

[1] Dante, *Lettera XIII*.

IL COLOMBO TRISTE

Non hai le ali bianche
colombo mio
ma un cuore tutto d'oro

e un'anima di sole.
Perciò il tuo corpo provato dal dolore
vive giorni dolci e sereni
in questo mondo disumano
violentato dall'uomo che non ama
rallegrato dal canto degli uccelli
che il grande Facitor fe' azzurri
coi mari e le stelle
gli astri e i pianeti
e gli altri mondi belli.
Per questo le tue docili piume dorate
leggere al volo nell'aria lucente
danno al mio petto trafitto da strali
momenti di gioia e sospirati affanni.
Perché tu piangi per il dolore
che t'assale
senza sprezzare mai la vita e il mondo
per quella sorte tua forse fatale
che invan detesti ognora
stringendoti al petto rassegnato e pio
un dolore mai cercato e mai voluto.
M'accorgo del tuo stato miserando
quando vieni a trovarmi la mattina
forse per dirmi grazie del pane
che ti dono,
forse perché mi ami
richiamando per festa intorno a me
altre piume dorate come le tue
una schiera d'uccelli in cerca di cibo.
Ma tu non sei come gli altri
e dagli altri t'allontani
per poggiarti a fatica
sull'unica zampa che tu hai.
Eppur vieni sempre qui a trovarmi
lasciando quei tetti
insieme agli altri uccelli
fendendo l'aria e il caldo sole
forse per dare amore a questo viso
che contempla il cielo
desiderando il bene
e fissa la luna
nelle calde notti di stelle.

Testimonianze critiche

"Rocco Aldo Corina è un poeta inconsueto.

Il suo lungo commercio con la poesia, fedele e sincero, è cominciato negli anni Settanta. Lui stesso racconta di aver poi confinato in un cassetto i primi versi considerandoli, tranne qualche eccezione, mal riusciti e non degni di essere chiamati poesia. Da poco li ha ritirati fuori e al giudizio più maturo gli sono apparsi "piccole luci sparse nella notte divenuta scura per il mal vivere umano". In effetti quelle poesie, specialmente le più brevi e icastiche, sono rivelatrici della sua abilità di mescolare immagini, sensazioni, ricordi e moti, espressivi di una forte carica sentimentale, con l'uso di accostamenti originali.

(…)

Usando stilemi leopardiani liberamente riproposti, Corina si misura con un compito rilevante, quello di intrecciare passato e presente, i fatti individuali con quelli naturali, la sua saggia maturità con l'ingenuità della giovinezza, traendone un corpus di testi che testimoniano l'ininterrotta fiducia nella potenza della poesia."

Donatella Donati

Adriana Dentone

Da *Ondula il tempo*

SIMBOLI

Agghiacciato silenzio del campo
tace anche l'acqua del lago,
scheletriti i rami del salice
nell'incontro della luna.

Alla spianata in volo di primavera
sciami radenti, passeri e rondini,
allegrezza in cerchio blu.

Continua la mietitura nell'estate
luce dorata alla cascina,
risurrezione degli avi.

Divisi i granelli dalla pula
solcano il cielo cumuli nerigni
si spande nebbia alle colline
falbo il castagno nell'umido vento.

LA CASA DEL PANE

Riposiamo nelle brume antiche
all'angolo perlato,
argento è anche il roveto;
il mio sguardo entro quei volti
immagini annodate nella terra.

Ebrietà del fuoco, soffio remoto,
oggi si diffonde oltre l'incavo;
mensa d'amore fra le thuie
alberi della vita:
ora è il tempo dell'odoroso pane.

Torna profondo il respiro del campo
sacra acqua che sgorga

e divinamente schiude il nostro giorno.
Amorosa quiete del bosco, silenzio,
dolci rami avvolgono il mistero.

NOTTE

Spazio chiuso a ogni lembo;
si frange la luce al giuncheto
l'ombra divisa sale:
volti emaciati
scomparsi allo sguardo,
cespi soli ogni giorno
nel silenzio che è solo.
Già è calata la notte
un raggio smorto di luna.

CERCHIO DESERTICO

Cavallo a grandi ali senza cielo:
a oriente si atterrisce il sole
nell'occaso si aggomitola la luce;
acqua stagnante fra siepi violastre,
è secca la fonte, non scorre il fiume,
congedo dal mare, solo pietre e sterpaglia.

Ombrosa attesa: muro di nebbia
al poggio fra tamerici incolte;
non risale il cammino dalla valle
né si apre di là dal crinale,
ingrigita di tempesta l'ora.
Cerchio desertico: sigillato il giorno.

Da *Scurochiaro*

CONTRASTI IN BIANCO E NERO

Sbreccate ferite su ogni campo
avaro cielo, diafane nubi
smosse dal nord-est;
sempre sereno, sereno di morte;
notte chiara, luna in agguato
arsa pietraia la terra,

radici nella morsa
insecchiti i rami, nera boscaglia,
fantasmi oltre ogni confine
nei giochi lunari.
Infittito silenzio senza stagioni
tempo che non respira:
il germoglio per la fioritura
è scolorita foglia caduta.

STAGIONI

Respira il giorno nella bianca luce
bacche ingemmate d'argento
colori della terra.
Ombrosità di vapori estivi
giallo rugginoso dei castagni;
inumidite le foglie nel sud-est
accartocciate sui campi.
Anima deserta
nella stagione che si affossa
scheletrito il tempo:
silenzio di muschio agghiacciato
disegno di licheni
cristalli bianchigni sugli ulivi.
Qui muore il giorno
senza altri voli,
non desideri o attese.

IMMAGINI

Già canta il tempo lieve
rinasce la luce
trasparente è l'aria sui petali
divino campo blu.
Sulla costa odorosa di salmastro
nella brezza chiara del mare
ritmi di ali bianche
istanti di luminosa vita.
Parla la voce del sogno che gioca,
realtà al risveglio mattinale:
la voce di chi ha donato semi
nutre anche nel silenzio immoto.

Da *Silenzio*

NOTTE E ALBA

Palude violastra abbandonata,
non filtra un raggio di sole
non canto d'uccelli
solitudine alla selva.

Sguardo che si smuove nel grido,
antica ferita, il vuoto,
vortice senza fiato
anche la luna nel cerchio.

Tempo di terra stepposa
ruscelli arsi ai prati
animo riverso che affonda
nella campagna deserta.

L'alba si dischiude dalla notte
ruscello che torna a sgusciare
rifiorisce il verdeargento.
Mite suono di liuto nell'aria.

ACQUATINTA

Stagno violastro che abbuia
non apre varchi
né sfoglia pagine di vita
scambi di colori e luci;
ombroso stagno serra
le pieghe tristi del tempo.

Ma il fiore notturno
diafana gemma del prato blu
amore al centro della vita
non chiude in sé stesso il cammino,
disegna giochi luminosi,
chiaro mattino che dolce s'avvicina.

Testimonianze critiche

"Quando con percorso per nulla avventuroso – cauto, piuttosto, come si addice al *sedentario viaggiatore* della poesia – ho congiunto i due estremi di questa raccolta di Adriana Dentone e cioè *Simboli* che apre la prima parte e *Cerchio desertico* che chiude la seconda, ho trovato davanti, netta, la conclusione della poesia di Camillo Sbarbaro, *Taci, anima stanca di godere...*, che apre l'edizione 1914 di *Pianissimo* (...)

Anche in Adriana Dentone un «cerchio desertico» chiude la raccolta e anche in Adriana Dentone – come in uno dei «padri» della poesia novecentesca italiana – c'è un pessimismo netto, che con «sigillato il giorno» conclude un viaggio di straordinaria intensità lirica; un viaggio che nulla concede ad immagini di speranza: non a caso *Simboli* si apre con un «agghiacciato silenzio», che porta con sé la figura della morte (i rami del salice «scheletriti») e, nonostante una mediana «allegrezza in cerchio blu», prosegue con una «mietitura», con «cumuli nerigni», «nebbia», «umido vento»; e in altre poesie il sole è *atterrito*, la luce *aggomitolata*, l'«acqua stagnante», le «siepi» sono «violastre» e via procedendo in negazioni per arrivare all'ora «ingrigita di tempesta». Ma c'è un punto nella raccolta di Adriana Dentone che ci allontana da conclusioni troppo radicalmente sbarbariane ed è un punto di forza in grado di qualificare un percorso, di alzare il livello della riflessione sui destini dell'uomo nel mondo di oggi: l'autrice non guarda con «occhi asciutti» se stessa, è ben consapevole, invece, del ruolo alto dei sentimenti, delle elevate valenze degli occhi inumiditi, delle capacità, cioè, di guardarsi e di guardare con serietà e commozione..."

Pino Boero

"...La poesia di Adriana Dentone abita il tempo che non ha di fronte a sé orizzonti illusori. È il tempo dello spaesamento cosmico che appare come strana mescolanza di dimora e inganno: dimora perché il tempo accompagna il passare degli anni; inganno perché è una casa divorata dall'incessante attendere. Di qui deriva che il tempo indica una miscela di elementi diversi, come nella tempesta dove si assiste allo spettacolo inquietante del cielo e della terra. Proprio perché sfugge alla conoscenza, che cerca sempre ciò che è costante e familiare, il tempo di Adriana Dentone non lo si conosce ma lo si patisce. Nei suoi versi parla la passione del tempo inquietante, di cui è custode il poeta."

Giuseppe Benelli

Antonietta de Angelis del Medico

Da *Il caso della Signora Ivette*

PREFAZIONE ALLE LETTERE N. 4 E N. 13

Migliorare il mondo, rifuggendo la guerra e tutte le sue atrocità per un più saggio recupero della pacifica convivenza tra i popoli e della pietà dell'uomo per l'uomo, è la riflessione prima cui ambisce giungere "Il caso della Signora Ivette", racconto lungo o romanzo breve epistolare di Antonietta De Angelis del Medico (Cronache Italiane Editrice, Salerno). L'autrice ad esemplificazione del "gran male" che è la guerra (vedi Iraq e Nassiriya) ha ricreato da un amore – quello di Ivette e Stefano – momenti della seconda guerra mondiale, una guerra che nel suo fatale procedere nel mondo non ha risparmiato la sofferenza a nessuno.

E se la memoria tramanda ancor oggi la tragedia dell'Olocausto, cui il nostro pensiero va sempre riverente e devoto, non dobbiamo utilmente dimenticare i milioni e milioni (circa 50) dei caduti civili e militari che pagarono anche altrove in altro modo il prezzo della vita. E dunque in quest'opera assumono eccellenza i due veri protagonisti ispiratori: Stefano e Tito. Entrambi esprimono nella loro vicenda il sacrificio inumano, il dolore crudo e l'abbandono del soldato in guerra.

Stefano è il giovane studente in medicina che, ricco della coscienza della "dignità nazionale" – come era del tempo – innamorato della sua Ivette da cui aspetta il primo figlio, parte per l'Africa certo anche di poter raggiungere la grande gloria personale in una "guerra lampo". Invece perderà la vita vinto da una lunga ed estenuante prigionia.

Tito è il soldato che scampa alla morte. A casa, però, porterà il carico fisico e psicologico delle sofferenze subite.

Questa è la guerra! Un mostro dalla mente ottusa e dal cuore freddo che delinquendo produce umiliazioni, povertà e terrore. Che distrugge le vite umane al di là di ogni immaginazione.

La lettera n. 4 esprime lo sgomento del giovane Stefano non appena giunto in Africa e di fronte alla guerra vera, tuttavia inconsapevole della triste fine che lo aspetta. La lettera n. 13 ci parla del ritorno di Tito a casa, ma questi personaggi nell'opera non sono soli.

Ad essi fanno corona più donne. Le donne del sud Italia che passionali e forti (vedi la Ivette, la madre, la Lisetta) del resto seppero essere di aiuto ai loro uomini in guerra. Le lettere di Ivette rappresentano una testimonianza viva e coraggiosa. Ma su tutto il quadro grandioso e tragico della guerra e dello smarrimento di tutti coloro che vennero colpiti nei sentimenti più cari. Il cuore umano soffre e ama ovunque.

LETTERA N. 4 (di Stefano)

Mio caro amore,
la guerra in Africa si fa veramente! Altro che sogni di gloria! I combattimenti infuriano e noi in trincea dobbiamo tenerci sempre pronti ad attaccare o a contrattaccare un nemico che sta in agguato giorno e notte senza tregua.
E si combatte aspramente tra reparti corazzati, contro roccaforti difese dall'artiglieria pesante, con i fucili e perfino all'arma bianca.
Intorno è tutto un inferno. Ai sinistri boati delle bombe, che lanciate a grappoli seminano la morte, si uniscono le grida di dolore dei feriti, dei moribondi e degli animali presi dalla paura. Il posto dove sono finito si trova sulla costa dell'Africa orientale, ma anche l'Africa settentrionale è tutta un campo minato e di guerra.
Qui da noi in trincea corre la voce che nel cielo di Tobruk sia morto il generale Italo Balbo, comandante in capo delle forze armate italiane.
Gli Inglesi non ci risparmiano affatto, ora hanno attaccato il presidio di Matemma, ma anche gli Italiani non rimangono senza risposta. Si dice di violenti bombardamenti sulla base di Aden e su quella navale di Alessandria. Anche la Cirenaica è sotto il tiro dei bombardamenti. Noi abbiamo raggiunto Sidi el Barani. Molti sono stati i caduti, ma io miracolosamente sono riuscito a salvare la pelle. Ora sono in trincea ed in questo momento di pausa torno nel paradiso dei ricordi, dove ci sei tu. E mi viene tra le braccia in un chiaro mattino, l'alba appena sbocciata, la fanciulla amata che Iddio mi mandava in regalo insieme con il primo raggio di sole.
Mio amore, consegno questa mia ad un camerata che, ferito alle gambe, viene rimandato in Patria. Spero tanto che tu possa riceverla al più presto. Scrivimi. Prego l'Altissimo di non abbandonarmi.

Ti abbraccio e ti bacio caramente.
Tuo, Stefano
Italia, dicembre 1940

LETTERA N. 13 (di Ivette)

Amore mio, mentre in Italia e, forse, in tutto il resto del mondo s'accende una piccola speranza di pace, non è così per me, poiché tu sei ancora lontano. La tua lettera, dell'ottobre 1942, mi giunge oggi undici settembre 1943, dopo uno spazio interminabile di giorni che ha fatto di me una donna taciturna e severa. La mia condizione di salute ha seriamente preoccupato i tuoi genitori. Essi sono arrivati al punto da non capire più che cosa dovevano fare per me.

La tua mamma, velando la sua pena, cercava di consolarmi con le parole più confortanti che poteva trovare e, attribuendo alle poste la colpa di questo ritardo, continuava a sostenere che tu sei vivo e che stai bene.

Mi esortava, con fare quasi scherzoso, a non abbandonarmi in quel modo, ripetendomi spesso che potevi arrivare da un momento all'altro e che un marito, quando torna a casa, deve trovare la sua sposa in bella forma. E passava a raccontarmi di te, di quando eri bambino e delle cure che ti prodigava. E diceva del tuo primo giorno di scuola. E ricordava del calesse che ti comprarono per accompagnarti in collegio da signorino per bene quale tu eri.

E poi passava ai dettagli della divisa da marinaretto che ella stessa ti aveva cucito in occasione di una premiazione scolastica. Fino ad ora tarda raccontava ogni cosa. Alla fine mi abbracciava tanto, ma io capivo che si illudeva di abbracciare te...

Ma ora, come nel cielo coperto di nuvole minacciose, dopo un violento temporale, che pare distruggere tutto ciò che incontra, il sole rispunta dando vita agli alberi, alle case ed alle strade, così la tua lettera riporta in me la gioia dell'emozione anche se accompagnata dal pianto.

Ed è con questo stato d'animo che passo a comunicarti una nuova bellissima: tuo cugino Tito è rientrato!

La storia del ritorno di Tito ha dell'incredibile. Egli si è salvato per puro miracolo, come dice la gente del paese, per le lacrime versate dalla sua mamma.

Ed io, dopo questa terribile esperienza, posso veramente capire cosa siano le lacrime di una persona che teme per la vita di un suo congiunto in guerra e certo non importano l'appartenenza o il colore della bandiera, il cuore umano sa amare ovunque.

Tito racconta con voce calma e buona di essersi trovato a seguito di una battaglia, senza sapere come, sotto un cumulo di soldati uccisi. Di essere scappato da quel posto di sangue strisciando carponi, di essersi diretto, spiando che non ci fosse nessuno intorno, tra la paura ed una sfrenata voglia di vivere mai provata prima, verso la fitta boscaglia vicina fino a raggiungere una terra pietrosa, con pochi alberi e qualche pianta selvatica. Di essere arrivato, non credendo ai suoi occhi e ormai sul punto di essere abbandonato dalle forze, presso una povera dimora dall'alto tetto di paglia a forma di cono e sotto alberi di varia altezza. Dice con gioia di essere stato accolto dai suoi occupanti, semplici contadini del posto, al contrario di quanto temeva, con molta umanità. Gli piace ancora di aggiungere, ogni volta, che le belle minestre del mezzogiorno, ricche di legumi e di qualche tocco di carne, gli fecero riguadagnare le forze, cosicché sotto quel tetto egli credette di aver trovato il vero paradiso terrestre.

Ma quella bella avventura era destinata a concludersi prima del previsto. Ben presto anche in quella casa arrivano le notizie dei rastrellamenti da parte dei nemici. Ed egli, suo malgrado, è costretto a riprendere la via della macchia, tutto solo tra boschi, sentieri abbandonati e dirupi, anche se questa volta negli orecchi la voce festosa della padrona di casa che ai saluti aggiungeva una bisaccia colma di pani ed altre riserve di cibo, con le parole: "A guerra finita, torna a trovarci. Ti offriremo piatti di carne". Purtroppo, giunto ai confini della nostra terra, vicino Trieste, viene preso prigioniero e consegnato ai nemici, i quali, per la legge della rappresaglia, lo condannano a morte.

Ma, per miracolo, al momento dell'esecuzione, già le mani appoggiate al muro e la benda sugli occhi, quell'ordine viene differito in carcerazione.

Ancora una volta il buon Dio l'aveva tirato per i capelli!

Ma quello che racconta del poi non è da riferire; ogni giorno un'attesa della morte, umiliazioni, fame e terrore di venire ucciso per divertimento. Nonostante ai limiti delle forze, riscopre la dignità dell'uomo ed incomincia a meditare la fuga. Finalmente una mattina, approfittando della fitta nebbia che il cattivo tempo portava, insieme con un altro disperato come lui, prende la via della libertà. Dopo mesi di duro cammino a piedi, eccolo tra noi!

E la Lisetta, come tu ricorderai una sua vecchia fiamma, va in giro per il paese dicendo che non appena si rimetterà in salute (perché di lui è tornata la sua ombra e lo stesso medico nel visitarlo è rimasto impressionato del suo grado di deperimento fisico) si fidanzerà con lui, aggiungendo che dopo le nozze gli darà numerosi figli. Ad essi racconterà il martirio subito dal padre, il coraggio avuto in guerra e la fuga dal carcere.

Tutto ciò per educarli all'amore e non all'odio. Per inculcare ancora in loro il sentimento della fratellanza ed il disprezzo della guerra che ci fa tutti nemici.

Però non sono tanto sicura che questo matrimonio si farà. Tito, a mio avviso, non è più tanto innamorato. Infatti i suoi occhi si accendono di una luce particolare quando, raccontando del suo peregrinare per quelle terre dell'est, ricorda la ragazza, figlia dei padroni di casa che lo hanno accolto, ed ai quali deve la vita.

Sì, sì, penso sia proprio innamorato di lei! Tito non riesce a dimenticare i suoi salvatori, gente semplice e buona. Lui spera, a guerra finita, di ritornare in quei luoghi, dei quali è rimasto profondamente innamorato. Una terra dai paesaggi bellissimi, quasi incontaminati dal piede dell'uomo. Desidera stare lì non da fuggiasco braccato dai nemici, ma da amico tra persone amiche.

Vuole anche ritornare sulle vie percorse, per ringraziare tutti coloro che, a rischio della propria pelle, lo hanno protetto, aiutandolo a scappare. Vuole salutare anche una ragazza di Trieste che, dopo la fuga dal carcere, lo ha accolto nella sua casa e travestitolo da fornaio, imbiancandogli anche i capelli con della farina impastata con acqua e colla, gli ha facilitato l'attraversamento della città.

E mi sembra abbia tanta voglia di ricordare solo il bene ricevuto e dimenticare l'orrore subito. Ma credo che ciò non gli sarà tanto facile poiché come va ripetendo la sua mamma, di notte gli incubi non lo lasciano in pace. Il mio augurio è che possa tornare al più presto bello e sano come prima. Amore mio, ti ho scritto tanto sul ritorno di Tito, perché so quanto gli vuoi bene e perché nel mare della tristezza in cui vivi arrivi una notizia gioiosa.

Spero tanto che anche tu al più presto farai a noi una simile sorpresa. Quel giorno sarà per me il ritorno del sole, tanto desiderato, dopo giorni bui e freddi dell'inverno.

Il nostro piccolo si fa sempre più bello. Tutti gli fanno tante coccole e gli danno tanto amore, cercando di compensarlo del tuo, che al momento gli manca. Ma, a mio avviso, nessuno ci riesce bene, perché il tuo amore è insostituibile. Io, però, resto ugualmente grata a tutta questa gente. Anzi, credo proprio che non finirò mai di ringraziarla, perché il bene che oggi mi fanno sarà sempre impagabile.

T'invio una figurina di sant'Ambrogio, vescovo illustre di Milano, che seppe allontanare il nemico con la forza della parola. Che possa fare anche tu come lui e tornare tra noi. Quando si capirà che la guerra è un gran male e che il "Non uccidere" è un comandamento divino? È mai possibile che per capire certe cose ci devono essere sempre i morti e le distruzioni?

Amore mio, fatti coraggio.

Non arrenderti, non adesso! Ti amo. Tua, Ivette

TESTIMONIANZE CRITICHE

"Il dramma della separazione; l'ansia del ritorno; l'attesa del figlio; nelle lettere di Ivette e di Stefano al fronte, dipanano una pagina di storia privata che si intreccia con quella più ampia di storia della Nazione, e dilacerata da una guerra che, agli albori degli anni '40, falcia illusioni e costruzione di un futuro di tante giovani coppie innamorate e felici.

Scevre di infingimenti, le lettere si leggono di un fiato per l'autenticità del sentire, messo a nudo senza convenzionalità, e per l'immediatezza dello stile epistolare, spontaneo e senza orpelli retorici."

Luigi Pumpo

Roberta Degl'Innocenti

MINUETTO
(Firenze, al mattino)

Dorme la mia città dentro le mura
come un glicine placido, avvolgente.
Su guizzi d'una danza minuetto
sbadigliano gli odori.
Il tram si muove in quiete cilestrina,
assonnato di luce, senza tempo.
Rapsodia distratta il battito del cuore.
Santa Maria del Fiore è languido torpore,
scioglie le ore trepide, azzurrine.
Si leva un sogno strano, un dubbio di betulla,
un segreto di viole, un incantesimo.
S'arrende l'oro, s'incanta: il Battistero avanza.
Vermiglia la rosa, freme un davanzale,
mentolina e basilico, un tetto di silenzi.
Ricci le nuvole.
Dorme la mia città distratto Amore
mentre l'aria si bagna di pervinche.
Celeste Bianco il mattino.
Zefiro lento al suono mandolino.

Da *Un vestito di niente*

ESTENSIONE DI GIALLO
(a Vincent Van Gogh)

È un grande dono la pazzia,
quella che ti fa stringere e volare,
stringere i denti, digrignare i pugni,
volteggiando un pensiero vagabondo
che ruzzola nel fango, fra i detriti,
giù in fondo, camaleonte ispido
in forma di rosa.
È un grande dono la pazzia. Quella
che dirige la penna e poi commuove:
risa di scherno, maschera bugiarda.

Arlecchina di note. Estensione di giallo.
Scrivevo sopra i muri delle case
- in sogno, certo - con pennarelli
grossi come un dito: scrivevo il grido
del gabbiano che si uccide di volo
e di tempesta.
Un uomo dipingeva il suo furore.
Vecchio pennello di girasoli aperti
come labbra e camera bambina.
Bandiera di vinti o vincitori? Chi può dirlo?
Un uomo dipingeva il suo tesoro:
volo di corvi e grano paglierino.
Io cantavo le note che la mente nasconde:
estensione di giallo rubato ai girasoli.

UN VESTITO DI NIENTE

Un abito colore della pioggia, per favore.
L'indosserò con meraviglia celeste,
tuffo di lago, polla trasparente.
Squadre d'elfi guerrieri in fila,
a pettinarmi gli occhi di sorgente, chiari.
Un vestito di niente, lo so bene,
da stropicciare addosso, seguendone
le pieghe con la mano.
Un desiderio strano, irriverente.
Nuda di pioggia, naufraga del pensiero.
Prendetevi il mio cuore assassinato,
venduto in carta gialla da due lire
al mercato dell'acqua, insieme ai fiori,
una bottega sudicia, lampada a olio.
Ridatemi la pioggia a ridere i capelli.
Un vestito di niente, lo so bene.

Da *Colore di donna*

RESPIRO D'ALBA

Fermati ad ascoltare
la mia voce,
respiro d'alba
turgida di rami,
che volgono rabbiosi
verso il cielo.

Sciarpe di seta
sono i miei capelli,
sedotti dalle trame
del pensiero.

Freme la luce,
si riprende piano,
complice d'un sussurro
di conchiglia, rubato
al tempo libero del sogno
franto sulle mie dita
galeotte.

Ricama la vertigine
dell'ombra il desiderio
cieco che comprime,
muore e risorge,
si rivela al pianto.

Malinconia di sera inginocchiata.

Da *Donne in Fuga*

STORIA DI UN DESIDERIO (LUCETTA, LE STELLE CADENTI)

Il sole stordisce i sensi, Lucetta pensa, pensa a tutto questo, pensa che se invece dei suoi alunni si presentasse Marco con la cartelletta dei compiti lei farebbe subito delle eccezioni, dei favoritismi e i bambini, che sono molto più intelligenti di quanto si creda, la guarderebbero con un'espressione corrucciata.

– Non è giusto, questo Marco è un grande, non può stare nel banco insieme a noi, ha i piedi troppo lunghi e con i gomiti viene fuori e pigia!

I bambini hanno ragione, come si fa a far capire loro che Marco è il suo desiderio per la notte delle stelle e i sette biglietti rimasti da esaudire non contano più?

Allontana dolcemente Marco dal banco, aprendo la porta e, prima di chiuderla, gli accarezza le labbra con le dita e gli preme una mano sul petto.

Le labbra di Marco sono bagnate e Lucetta vorrebbe semplicemente berle, prima di cominciare la lezione.

Il caldo fa sognare ad occhi aperti, o delirare, ma non è male: – i sogni sono lo specchio dei desideri – qualcuno l'ha detto, magari una persona importante, allora i desideri aspettano la notte delle stelle.

È un cerchio che si chiude con facilità.

Non importa avere la risposta, non sempre occorre un significato, tutto inizia e si spegne al medesimo modo, la notte di San Lorenzo è solo il preludio ad un'altra notte, tesa nell'arco di un anno, così i desideri non potranno mai cessare e Lucetta si chiamerà Maria o Alessandra o Giulia per cercare Marco che calcia un pallone o struscia il piede, magari strizza l'occhio per leggere i caratteri di un libro.

Che rabbia sono troppo piccoli! Eppure vedere poco è chic e rende lo sguardo languido.

Tanti sogni che si prendono per mano in un girotondo come i bimbi della scuola che cantano.

Un girotondo allegro, un frastuono che libera la mente, tante voci argentine, fino a che una le sovrasta e grida:

– Casca il mondo, gira la terra e tutti giù per terra!

Un'ora desolata, il sole ha fatto chiudere le finestre e gli odori sono rimasti dentro le stanze, qualche capo dimenticato ciondola asciutto dai fili di un terrazzo.

Se ci fosse il vento sarebbe tutto diverso, potrebbe alzare la polvere e coprire le cose di minuscoli granelli.

Un vento nuovo color rimpianto, ma il rimpianto non è adatto per questo giorno, il rimpianto lasciamolo a domani per le cose non fatte, per le frasi rimaste a fior di labbra e ripetute nel buio, quando l'interlocutore è il silenzio.

Lucetta sta leggendo Hemingway, è la quinta volta che legge quel libro, eppure ogni sfumatura è diversa dalle altre; i libri sono amici fidati, quando sono nella cartelletta ci batte sopra per sentire il rumore sordo.

I bambini sono piccoli ma Lucetta crede che capirebbero la storia, se solo potesse raccontargliela, invece di pensare alle stelle, e magari loro aiuterebbero il vecchio nella pesca.

– Ehi, non mollare, adesso arriviamo noi!
– Questa è una spilla.

La bambina più timorosa.

– Un paletto.
– Una forcina.
– La mestola per stanare i bruchi.

L'offerta di tutti i loro averi per aiutare il vecchio.

Adesso Lucetta ha comprato un libro a luci rosse, un tascabile collana Eros, un classico, però non può tenerlo nella cartelletta, potrebbero trovarlo i bambini.

Solo per sentirsi addosso tutta quella sensazione di inadeguatezza, oppure per curiosità, in fondo Lucetta è sempre stata curiosa, da bambina socchiudeva piano la porta della camera, quando due corpi nudi si incontrano quella ginnastica appariva strana, dopo ha capito, c'è voluto del tempo però.

Testimonianze critiche

"Il fascino vincente delle fiabe risiede in primo luogo nella scrittura che le plasma e in quella incantata freschezza di linguaggio che rinnova nel miracolo ogni volta la trasparenza aurea delle antiche leggende e degli eterni racconti popolari che si tramandano magari solo oralmente di generazione in generazione. E chi meglio di un poeta può farsi interprete di tale cristallina leggerezza? Qualcuno, voglio dire, che come Roberta Degl'Innocenti abbia oltre al mestiere (alla patente professionale) l'animo davvero e profondamente poetico e che continui a far vivere dentro di sé quel "fanciullino" mobile e fatato sorgente di poesia. E che, nel caso particolare, abbia in più le doti aeree che ha in *Peter Pan* Campanellino, come Roberta dimostra qui di avere.

La fervida immaginazione, la gentilezza e la sorridente ironia, spesso velata dallo stupore che le anima, conferiscono a queste fiabe un indiscusso valore letterario, oltre al gusto e al piacere del puro raccontare. La realtà si unisce armoniosamente all'elemento fantastico e lo stile, nella semplicità del suo dettato, è tutto intessuto di tramature raffinate che ci riportano alla vena autenticamente poetica dell'autrice."

Paolo Ruffilli
(per il libro *La luna e gli spazzacamini*)

"Vi è in Roberta Degl'Innocenti una limpida eleganza, un sovraffollamento di parole in libertà tutte di grande e vigile discorsività, ma aliene dall'essere sostanza messa lì, per caso, lungi dall'essere parole **non** rappresentative di uno stato d'animo vivo e lucido, desideroso di dare e avere precise connotazioni d'amore, aneliti di speranza: la penna sembra trascrivere col sangue delle vene, sembra nutrirsi di bocconi amari, ma anche di essere sul punto di trascinare dichiarate percezioni che ci riparino dal male, suggestioni, e sussulti d'anima in immagini luminose di scrittura sintattica che decidono e affinano le emozioni di una sinfonia universale, fatta a immagine di donna, ma di donna che sa la pena della consunzione senza luce, della solitudine del percorso fatto in violazione dei principi naturali, di donna che sa l'amaro dell'esistente, eppure, dona a piena mani la consapevolezza di un romantico **assemble** di sé, una visione vasta, senza l'eterno femminino, che del suo indagare in profondo, del suo migrare alto, fra l'eterno e il tempo che nidifica in astute e lievitanti immaginazioni *"la meraviglia celeste"* come lei la definisce, fa di questa poetica un compendio di risultanze e un esempio da porre all'attenzione della critica che conta."

Ninnj Di Stefano Busà
(per il libro *Un vestito di niente*)

Luigi De Rosa

UN MATTINO DI LIGURIA / UN MATTINO DEL MONDO

S'è levata dal mare una colomba
in un cielo incolore.
                          Ma altrove il cielo sta rosseggiando
                          del sangue degli innocenti.
All'orizzonte una nave
bianca,
delicata come un'ave
                          Ma qua e là il pianeta rintrona
                          del fracasso delle armi.
L'acqua tremula fra le mie palme
riflette il sole nascente
                          Ma si tratta di un moto apparente.
                          Il Sole è fisso, siamo noi
                          che ci agitiamo continuamente.
L'anima vorrebbe fuggire, e inseguire
quegli stormi impazziti di uccelli
che si tuffano, con fiochi gridi,
nell'infinito azzurro.

FINO A QUANDO LE RONDINI

Fino a quando le rondini partiranno
e ritorneranno
ci sarà ancora speranza.

Fino a quando le rondini sfrecceranno
zigzagando sicure
senza andare a sbattere
contro i piloni di cemento
ci sarà ancora speranza
per questo piccolo mondo
ingannevole
e stupefacente.

NELL'ENTROTERRA DI RAPALLO

La gazzarra felice degli uccelli
fra i rami più alti dei pini,
due gabbiani solenni che planano
lungo il torrente san Francesco
vociante di anatre
sotto il vibrante viadotto
di un'autostrada sospesa in cielo...

Dopo una vita nella scuola, eccomi
ritornato per vivere
il tempo indefinito che rimane,
continuando a cantar d'amore.

Certe notti di Liguria,
nonostante le assurdità del mondo,
sono ancora fatate.

ROSE DI LIGURIA

Rosa rosa che penzola nel vento
nevoso di gennaio
sospesa a picco sullo sciabordìo
dell'onda, calda promessa di soave bellezza
nel gelo ottuso che ci circonda.

Rosa bianca sul ciglio del fossato:
solitudine splendida
sospesa
sul futuro e sul passato.
Quanto al nostro presente
è come un funambolo
che esita
sopra una corda tesa.

RIPOSO D'AUTUNNO

Ho negli occhi un vapore turchino
che si discioglie, lento:
questo ligure, amatissimo cielo
con la sua agra dolcezza, riflessa
nella vasta distesa del mare.

Quassù, nel verde dell'Appennino,
lontano dalle angosce e dagli affanni,
un insolito branco di caprette,
serenità lente belanti,
sorride al mio riposo d'autunno.

PERCHÉ TANTO SPLENDORE?

Una liquida lastra rossoazzurra
nel golfo del Tigullio
ingoia il sole, in punta a Portofino,
in un tiepido tramonto di gennaio.

Agavi, fichidindia, pini
si protendono da terrazze e giardini

Ma se un giorno dobbiamo scomparire
da questo palcoscenico,
perché è così traboccante di luce
dorata, e di calore,
e d'ineffabile splendore ?

AUTOSTRADA DI LIGURIA SOSPESA IN CIELO

Nel blu notturno trascorrono
baluginando
puntini bianchi da est ad ovest.
Sul davanzale della finestra
si inseguono a migliaia
ininterrottamente.
Portano idee e progetti
desideri speranze sogni.

La tenebrosa boscaglia in fondo a destra
continua ad inghiottirli
instancabilmente.

Rispunteranno, forse…
ma come, ma dove,
ma quando?

FERROVIA DI LIGURIA A STRAPIOMBO SUL MARE

Un passero appare e scompare
dalla fenditura di un muraglione
a strapiombo sul mare.
Magri fiori selvatici
tremano al vento.
Se tu ogni sera
dopo una giornata di attesa snervante
ritorni a casa
con il solito treno dei pendolari
perché dovrei temere la solitudine?

IN MEMORIA DI MIO PADRE

Quanto più mi sforzavo, in gioventù,
di esserti, e apparirti, dissimile,
tanto più, in questi miei anni maturi,
mi accorgo che ogni giorno ti assomiglio
un po' di più

Mi mancano i tuoi occhi indagatori
che scrutavano con ansia i miei ritorni:
non fan più capolino dietro i vetri
di quel palazzo di periferia
dove vivevi, nell'autoisolamento,
con la tua terza moglie.

Sempre più spesso mi sorprendo a parlarti
come se tu mi fossi accanto, e ti confido
cose che, da unico figlio, non avrei
mai osato rivelarti, e riascolto,
stavolta con piacere
frammisto a irrimediabile dolore,
le tue storie passate, quelle per cui
a ogni racconto tutto si ripete,
ed è già stato detto, e scritto, tuffo.

Tu continui a sorridere, bonario,
dietro i baffetti, con quel tuo sorriso
intelligente e ironico:
come al solito, sembra, non mi ascolti,
ma vuoi farmi capire, anche in silenzio,
che viene un giorno in cui non vale più
la pena di soffrire questa vita

senza sognarne un'altra, assai migliore,
per te e per tutti.

CIELO CELESTE ATTRAVERSO I VETRI

Cielo celeste attraverso i vetri
e trasognate grida di gallo
in lontananza; un autocarro
romba nel polverone.

Ogni mattino è un sole di speranza

Testimonianze critiche

"*Il mondo* – dice De Rosa in una sua poesia – *è ingannevole ma anche stupefacente*. Ed è grazie a questa capacità di provare stupore che De Rosa, pregevole autore anche di saggi e di romanzi, figura di rilievo nel panorama culturale italiano, riesce a conservare ed a riattivare, nel suo dettato poetico, quella semplicità comunicativa e quel candore aurorale che contraddistinguono, da sempre, il vero poeta."
Graziella Corsinovi

"…(nella) Sua poesia c'è un vero temperamento poetico, con felici invenzioni verbali che non sono, naturalmente, solo verbali, ma sentimentali e fantastiche, prima di essere parola. Ne sono un esempio quei 'sogni ostinati come l'erba/ che ricresce sui cigli ad ogni sfalcio', e quel 'Cielo celeste attraverso i vetri' che entra benissimo nell'atmosfera della Sua poesia…"
Diego Valeri

"La poesia di Luigi De Rosa appare come il risultato di una grande espansione vitale, che trova nel verso la misura sensibile e disponibile per trovarsi una norma, una forma, in modo da perpetuarsi in rievocazione, memoria, sorridente e ilare ripetizione dei gesti fondamentali della vita, soprattutto di quelli dell'amore. Ma è il senso della fugacità del tempo che è richiamato a dare maggiore intensità alla gioia… di qui la precisione temporale delle occasioni poetiche di De Rosa… e la profondità di echi della sua poesia…"
Giorgio Bárberi Squarotti

"Questa nuova raccolta (2005) di Luigi De Rosa – che ha scritto molto, e ha avuto importanti riconoscimenti – è intessuta di tempo in ogni sua fibra (lo si può dire di tanti poeti ma non di tutti). Sui poli della delusione cosmico-esistenziale e della speranza plana la stella polare dell'amore, amore vissuto, ricordato, esteso, universalizzato, motore ineliminabile della poesia, energia primigenia o primaria come quella del sole."
Maria Luisa Spaziani

Mario Di Campli

Da *Le tavole di Zeus*

GUERRA PREVENTIVA IN IRAQ

La lama
è stata forgiata
nella maniera più conforme
all'abisso umano.
Così
viene effettuata
la coniazione
più
ineffabile dell'uomo.
...come sentirsi
scaraventati
su una chiatta
gettata nell'Ade!
ecco
la guerra.

LA FANTASIA

Bird il cantore
- ostaggio di troppo -
si è dissolto?
Gesù
ecco il volto
che mi rincuora,
la voce
che mi ricanta
la ninna nanna.
Chiudo gli occhi:
sulle nuvole
mi profonde il suo
perdono.
Si ridesta Bird
su un astro della Cina.

ANXANUM

Lanciano, un'ora di Squilla
per una scala di pace,
si dà
(Quanto orgoglio!)
Ostia:
la mia anima è presa
dai suoi fausti
rintocchi,
che salgono altissimi.
E non temo
le tenebre in movimento.

IL BACIO

Le mie labbra
sulle tue
stemperano
un'ansia
a cui non riesco
mai a porre remora.
Innalzo, amore,
ciò che ci eleva!
E non potrei bere stelle
perché la mia anima si stemperi.

Da *Il Pegaso di Lanciano e quadri a sua immagine*

LA PACE

Per un vuoto tutt'intorno,
per una bruma indiradabile,
per la colomba
       senza veri testimoni,
       stordita,
       quasi priva di vita,
è già tanto
che rimanga
librata in aria.
Al di là
di mille ali di cui necessiterebbe...
noi non disereremo
l'inesauribile fede!

VIZI

Una muta di cani... perché mai?!
Dove si annida
l'inesorabilità delle fiere?
Cerchi inesorabili
hanno distolto
evidentemente il percorso vitale.
Stanno ricomparendo i giornali da falò.
La memoria non può essere in ginocchio!
Cristo, prega per noi.

IL SOSPETTO

Gonfiò il collo
e sputò
come un cobra.
Attraversò
la foresta
dei presagi folli.
Cercai un ponte.
Il tempo
fa vento
e spazza la foresta.
Altri dettagli
devono ancora accadere.

LA FEDE

Se
per gestire l'anima
bisogna avere
foggia congenere,
la Luce vera
in essa immette
un pluricordo straordinario.

Da *Fashion Giulietta*

ECCE HOMO

Egli passerà l'oricanno
a ciascuno di noi

per l'Alleanza,
assorto
nell'indebita condanna,
asprezza di Croce!

RES VITAE

Noi siamo
come un libro
che volta
le proprie pagine
da sé.
Oltre
c'è
l'Estasi di Dio.

ARLECCHINO

Arlecchino
indignatissimo
con chi,
macchina di guerra,
eleva i suoi caduti
ad eroi
per alleviarsi
la coscienza.
Ama e serve Arlecchino
perché tiene fermo
in cuor suo
il - Punto della Luce -.
Ma infuria...!

TESTIMONIANZE CRITICHE

"...il senso religioso della vita, e le 'grandi domande che ogni uomo si pone', come ha scritto anche Bagget Bozzo. Lanciano non manca. La città dei suoi sogni, delle feste settembrine, del passato glorioso, dei miracoli di cui Di Campli, come scrive Giorgio Bárberi Squarotti, 'si porta dentro l'eco affascinante'.

Il suo linguaggio e la sua metrica sono molto curati e l'ispirazione, sempre viva e spesso polemica, ha il fascino ora di una serietà profonda ora di una irridente bizzarria. Il grottesco e il sublime si legano intimamente in un gioco in cui si avverte la presenza di uno spirito tormentato ma fiducioso nella Provvidenza."

Giovanni Nativo

"...I versi di Mario Di Campli estremamente incisivi, carichi di accensioni e di folgorazioni improvvise che nascono e muoiono in una sintesi visionaria di vita in morte e di morte in vita vibrano di un percorso mitico, simbolico, religioso secondo il messaggio evangelico inserito in un'aura misterica che ci riconduce all'intreccio delle filosofie e dottrine greco-orientali in cui si afferma il Verbo di Dio con un'apertura sul mondo e sull'Aldilà assolutamente originaria e irripetibile."

Marcella Artusio Raspo

"Di Campli ha dentro di sé un grimaldello che forza e spinge il magma del suo essere. Egli non è un dogmatico eppure consegna alla pagina un'avventura umana rocciosa. Puntella la propria visione e, insieme, è molto docile alle trasvolate metafisiche.

A volte sono pensieri talmente icastici da essere parte fondamentale del pensiero filosofico ("Ogni libro è un sole"). La profondità delle cose e dell'Essere ha bisogno del pensiero forte e della parola raccolta in sé, ricca di senso. Una parola densa ma colma di onde sonore, multiple."

Silvana Folliero

Domenico di Palo

Da *La bella sorte e altri versi*

LA REGOLA DEL GIOCO

Manipolare la vita a piacimento
Assecondare l'ilare comportamento
Di chi ha da sempre capito
I termini fluidi dell'andamento
E in omaggio alla più lucida coscienza
Ridurre a sottozero
La fatica sprecata nella sopravvivenza.

Applicare ad ogni valutazione
Il marchio sublime della comprensione
O uniformare l'intenzione
A quella del più forte
Lasciando alla propria sorte
Il privilegio soltanto della decantazione
Nel tanto che consente l'immaginazione.

E complici di scontate soluzioni
Senza più il rischio di ulteriori dispersioni
Vantarsi così di un gesto mancato
Di un sogno frustrato
Se in questo esistere e morire a poco a poco
Ormai consiste tutta la nuova
Ineffabile regola del gioco.

Da *Sotto coperta*

IL SABATO IN CITTÀ

(da G. Leopardi)

La fanciullina vien dalla campagna
In sul calar del sole
E reca in mano, siccome è sola,
Cocaina e coccola.

Siede con i figliocci
Al bar tranquillo il camorrista
E novellando vien del suo buon tempo
Quando ai dì della festa
Egli si armava
Per allungar di morti la sua lista.

E si fa più cupo il cielo
E di piombo scende un velo
Al gas di macchine rombanti
Che come se in pista
Fan girare tutti quanti.

Or l'allarme dà segno
Del ladro che in fretta
Alla casa di fronte
Ha voluto dar retta.

E a quel suon diresti
Che, ti piace o non ti piace,
passeranno delle ore
per avere un po' di pace.

E intanto riede
Alla sua lauta mensa
Fischiando l'assessore
E seco pensa
Di fornir l'opra
A chi per lui s'adopra.

Poi quando intorno è spenta
Ogni altra face
E tutto l'altro tace
Odi del vicin la TV strilla
Odi le urla della famiglia
A cui di certo un imbranato
Senza nemmeno batter ciglio
Ha giustappunto telefonato
Che sull'autostrada
È morto un figlio.

Da *Avanti ma...*

MADONNA CHE FRETTA

Madonna che fretta
A toccarti la tetta

Combino un casino
A riempirmi di vino

Ché sono più stronzo
Appena mi sbronzo

E specie la sera
Che con la dentiera

Mi sento a disagio
Se faccio più adagio.

Madonna che guaio
Mi merito il saio

Per tanta licenza
Farò penitenza

Ma son come sono
Ti chiedo perdono

E tu dammi retta
Se tocco la tetta

Ti giuro stasera
Non ho la dentiera.

Da *Renato e i giacobini*

Tra i tanti altri personaggi, politici letterati artisti, che mi capitò di incontrare in quegli anni, Pier Paolo Pasolini fu certamente quello che mi colpì di più.
All'epoca egli lavorava al "Vangelo secondo Matteo", e alcune scene del film aveva deciso di girarle nel Castello Svevo di Barletta.
Io sapevo quasi a memoria i suoi libri di poesia e spesso de "La religione del mio tempo", o de "La poesia in forma di rosa", uscito in quei giorni da Garzanti, recitavo alcuni versi agli amici.

"Madri servili, abituate da secoli/ a chinare senza amore la testa,/ a trasmettere al loro feto/ l'antico vergognoso segreto/ d'accontentarsi dei resti della festa./ Madri servili, che vi hanno insegnato/ come il servo può essere felice/ odiando chi è, come lui, legato,/ come può essere, tradendo, beato/ e sicuro, facendo ciò che non dice..."

Che risposta a certi letterati che allora cominciavano a ritenere che l'impegno fosse solo nel linguaggio e non nella tematica! Che forza in questi versi! Che violenza insolita! E che fervore di rivolta contro fenomeni sentiti come odiosi dall'interno di una vicenda nobilissima!...

Che era poi anche la nostra vicenda, dura ma sacrosanta, faticosa ma esaltante.

Così una sera, Rinaldo ed io, decidemmo di partecipare alla conferenza sui rapporti tra cinema e letteratura che, su invito del locale circolo universitario, il poeta e regista era stato invitato a tenere nella biblioteca comunale di Barletta.

La conferenza però purtroppo non ci fu, perché Pasolini, forse interpretando le intenzioni del pubblico, visibilmente eccitato per l'occasione insolita, preferì aprire subito il dibattito, il quale, a parte un paio di interventi responsabili (quello mio e quello di Rinaldo), fu lo spettacolo più deprimente a cui ci capitò di assistere in quegli anni.

In un clima di caccia alle streghe Pasolini fu letteralmente aggredito da insulti grossolani e volgari, meccanicamente ricalcati sulle tesi medievali che fascisti e codini di ogni risma allora facevano circolare sulla sua opera, e ancora più grotteschi perché pronunciati da chi, mentre si ergevano a paladini della morale e della religione, mostravano di non aver mai letto un suo libro e di non aver mai visto un suo film.

Rinaldo ed io ce ne tornammo a casa animati da sacro sdegno, e tanto più mostruoso ci sembrava quello spettacolo, quanto più disarmante, da agnello sacrificale, era stato il comportamento del poeta bolognese per la sua gentilezza di modi, per i suoi toni dimessi, per la grande civiltà del suo essere. Si era dato in pasto ai leoni, e i leoni, pur divorandolo, avevano finito con l'esaltarne l'innocenza.

Su quella serata scrissi poi un articolo che Pasolini lesse a Matera, dove terminò le riprese del suo Vangelo.

Ne fu molto contento e volle assolutamente farmelo sapere.

Quando fu ferocemente ucciso nella notte fra il 1° e il 2 novembre del 1975, mi ricordai di quella sua serata barlettana e della sua disperata vocazione al martirio e, l'indomani, ne parlai ai miei ragazzi in classe.

Fu quella, forse, una delle mie più belle lezioni di letteratura e di vita.

Testimonianze critiche

"Dopo *La bella sorte e altri versi* e *Sotto coperta*, Domenico di Palo continua il suo percorso satirico con *Avanti ma...* (Bastogi), una raccolta in cui di nuovo scoppiettano verve satirica e ironia per veicolare e lanciare rimbrotti contro il malcostume civile, contro l'incoerente o disinvolto atteggiamento psicologico-sociale di troppi individui; anche mescolandovi una coraggiosa personalissima nota di autoironia, che in termini di lealtà sicuramente distingue di Palo dai castigatori di costumi soltanto altrui: egli stesso, infatti, spesso si mette in discussione, scocca frecciate contro se stesso senza tema di esporsi al ridicolo o a rampogne; e diventa irresistibile, poi, allorché s'ingaglioffa, s'intorcina o sbraca ("Ché sono più s./ appena mi sbronzo// e tu dammi retta/ se tocco la tetta"). Numerose qui le riscritture in forma di parodia di liriche di celebri poeti del passato, da Cavalcanti a Dante e Petrarca a Foscolo ed altri. Nella prefazione, Sebastiano Martelli rileva "un io sempre più piegato verso la riduzione di se stesso e del mondo."

Enrico Bagnato

"Narrato interamente in prima persona, alternando meditazioni personali, dialoghi e riflessioni con una coscienza critica personificata (Rinaldo), Renato raccoglie memorie e fatti di se stesso e dei suoi amici...

...Di Palo firma così un libro appassionato e intriso di tangibile amarezza. Si concluderà, tra i dubbi, che a nulla vale la voglia di cambiare: 'Le storie italiane hanno il ritmo di sempre. La stessa solfa, le stesse facce, gli stessi problemi, gli stessi intrallazzi, le stesse beghe paesane, gli stessi ammazzamenti... Di che lamentarsi allora? Perché questa fissazione di cambiare qualcosa anche da noi?' Leggendo vi chiederete con l'autore: 'Tiriamo a campare e godiamoci la vita' è la soluzione?"

Lorenzo Marvulli

"E tra un ricordo e l'altro (*Renato e i giacobini*), s'insinuano 'storie di guerra', 'strani incontri', che finiscono per edificare quella storia unica che è poi l'obiettivo dell'autore. Pagina su pagina. Domenico di Palo elabora una stagione ricca d'umori, di passioni, gli uni e le altre declinati su piani di sottile ironia, di quell'alacre inventiva, che è una delle caratteristiche più vitali della sua scrittura anche poetica. Le figure si stagliano nette, precise, senza sbavature, grazie ad un linguaggio tangibile ed essenziale. La rievocazione è vivace e composita, filtrata da una capacità memoriale che sa discernere le diverse situazioni, ma senza rinunciare al proprio mondo. La storia o le storie, pur nella loro autonomia inscindibile, attraverso aneddoti, episodi frammezzati, compongono una sinfonia di note intelligenti, sapienziali e nel contempo a portata di mano, ma d'una efficacia davvero non comune. Da ogni pagina è come se si sprigionasse un effluvio di emozioni, di parole, che rasserenano e dispongono alla più gradevole delle letture. E ciò è risultato di non poco valore, in un'epoca in cui, spesso, non si riesce a superare le prime dieci pagine. E Domenico di Palo può – a giusta ragione – vantarne merito."

Angelo Lippo

Concetta Di Pietro

IL NIDO DELLE ALLODOLE

La zia di Katia aveva novant'anni e non aveva più l'energia di fare niente; quando Katia di quindici anni andava a trovare la zia, la casa era in disordine e a soqquadro e Katia le diceva amorevolmente:
"Adesso che i miei genitori hanno comprato una casa nuova, con molte camere disponibili, sarei felicissima se tu venissi a stare con noi! Qui la casa oltre ad essere con le pareti screpolate è anche molto umida, finché resterai qui i reumatismi non ti daranno tregua, invece se venissi ad abitare con noi non soffriresti più perché abbiamo i termosifoni. In fondo è da tuo fratello che vieni a stare tu non lo sai quanto lo renderesti felice, sia lui che mia madre!"
"Lo so, tesoro, lo so. Ma vedi, cara, malgrado qui la casa sia come hai detto mi trovo bene, perché è sempre la mia casa… E poi, vedi cara, bene o male qui ho le mie cose che per quanto banale possa sembrare mi dispiacerebbe molto lasciare… per esempio, le mie allodole; se venissi ad abitare con voi ciò che mi farebbe soffrire di più tra tutte le altre cose sarebbero abbandonare il nido delle allodole, che oramai da anni mi sono abituata a vedere sotto le tegole della mia casetta; mi sono talmente affezionata a questo nido che morirei di dolore se non dovessi più vederlo ogni anno pieno di piccole allodole appena nate."
"Se l'unica ragione che ti tiene qui è questo benedetto nido, nel terrazzo della nuova casa c'è un casotto, possiamo trasferirlo sotto quelle tegole, così potrai vederlo tutte le volte che ne avrai voglia… Su, zietta, fammi contenta, vieni a vivere a casa nostra, pensa ai miei genitori, quanta gioia gli daresti!"
L'anziana donna pensò un po' titubante, poi disse:
"E se spostando il nido le allodole non venissero più?"
"Verranno altri uccelli sicuramente a mettere le uova nel nido!" rispose Katia che desiderava ardentemente avere la zia adorata a casa sua.
"Non lo so cara, fammici pensare" sospirò la zia. Alla fine acconsentì alla volontà della nipote, e si trasferì nella nuova casa portando con sé il nido delle allodole che Katia stessa sistemò fuori, fra le tegole del casotto.
Quando arrivò il periodo in cui le allodole deponevano le uova per la cova Katia e la zia andarono ansiose a guardare nel nido e tutte e due non credettero ai loro occhi nel vedere che nel nido una allodola covava le uova che aveva deposto pochi giorni prima. E anche i genitori di Katia furono contenti per quella meravigliosa trovata, e sorridenti esclamarono:

"Eravamo quasi certi che le allodole sarebbero venute al loro nido!"
"Non so come ho fatto a dubitarne!" rispose con gioia l'anziana signora.
Katia fu estremamente felice e soddisfatta, perché aveva trovato la giusta soluzione per il benessere della zia, senza doverla privare dal suo amato nido di allodole.

OTTAVIO

La signora Amelia era rimasta vedova con otto figli adolescenti da sfamare. Non avendo nessun reddito, prese in affitto un pezzo di terra con la casa e disse:
"Con questa terra possiamo vivere tranquillamente, non serve neanche che assuma degli operai, basto io e i miei figli... Sarà un po' dura adesso che i ragazzi non hanno né esperienza né l'età di poter coltivare la terra, ma man mano che crescano vedo già il nostro futuro molto migliore di adesso!"
Gli anni passarono, i figli crebbero, ma niente cambiò per quanto la signora Amelia avesse con tenacia sperato.
I suoi figli erano dei pigroni, balordi, volevano solo mangiare e dormire, solo l'ultimo, Ottavio, aveva un carattere straordinario con tanta voglia di lavorare.
Ottavio si alzava alle quattro del mattino per coltivare la terra assieme alla madre, mentre tutti gli altri fratelli, forti e sani, dormivano serenamente fino a mezzogiorno.
Spesso la madre chiedeva loro aiuto nei lavori più pesanti che lei, una fragile donna, non riusciva a fare, ma i figli non l'ascoltavano, mettevano il capo sotto il cuscino, si avvolgevano meglio nelle coperte e si riaddormentavano; allora la madre si rivolgeva amorevolmente a Ottavio e il ragazzo senza farsi pregare si alzava subito e serviva la madre in ciò di cui aveva bisogno.
Una notte Ottavio non dormì, era stato tormentato da un forte mal di denti, erano circa le quattro del mattino quando il sonno finalmente era sopraggiunto e proprio in quel momento la madre inconsapevole lo svegliò con voce calda e tenera come sempre:
"Ottavio, tesoro, tu che sei il più giudizioso della famiglia alzati e vai a preparare il mulo, oggi dobbiamo preparare la terra per seminare il grano!"
Ottavio, stressato e nervoso per il sonno che non aveva fatto, da sotto le coperte sgarbato rispose:
"Voglio essere peggiore dei miei fratelli! Non voglio alzarmi un accidente! Voglio che mi lasci in pace!"
La madre, sorpresa per quella reazione, mortificata rispose:
"Ottavio, che modi sono questi di rispondere a tua madre, che significa? Non ti riconosco più!"
"Vuol dire che da questo momento incomincerai a conoscermi! Ma ti sem-

bra giusto che i miei fratelli perché sono vigliacchi dormono notte e giorno senza essere disturbati e me non mi si lascia in pace un solo momento! Ottavio fa questo, Ottavio fa quello, Ottavio prendi quello, Ottavio prendi questo! Per una volta, almeno per una volta lasciatemi in pace! Non ne posso più!" Detto questo, si ricoprì il capo con le coperte, mentre la madre dispiaciuta e amareggiata uscì di casa senza sapere che cosa pensare di quella improvvisa reazione. Con le lacrime agli occhi prese l'aratro e il mulo e incominciò a lavorare la terra; era ancora quasi buio e piovigginava, ma all'improvviso due mani robuste e forti le tolsero le redini di mano: Era Ottavio, che profondamente pentito del suo brusco comportamento verso la madre che non lo meritava, si era subito alzato e di corsa l'aveva raggiunta.

"Perdonami mamma per quello che è successo, ero nervoso per la notte insonne che ho passato, a causa di un forte mal di denti e non capivo quello che dicevo!"

"Figlio mio, non ho nulla da perdonarti, io lo so che tu non sei come i tuoi fratelli!"

Ottavio, umile e vergognoso, abbracciò con immenso amore la madre, poi le sussurrò amorevolmente:

"Torna a casa mamma, questa pioggerella ti bagnerà, continuo io questo lavoro!"

"Ti porterò un pastrano col cappuccio, se no sarai tu a bagnarti da capo a piedi!"

"Sì mamma!"

La signora Amelia rientrò, era felice per aver ritrovato in Ottavio il figlio di sempre.

Nel cuore limpido del ragazzo neanche verso i fratelli era rimasto astio per quello che aveva detto prima nei loro confronti.

MISCUGLIO FLOREALE

Sono un bel giglio profumato
candido radioso e ben guardato
se mi raccolgono con un sorrisino
orno il vaso di ogni salottino;
unite a me l'orchidea lucente
poetica splendida e seducente
con i belli amarilli arancione
e la felce che è un vero amore.
Mettiamo pure un Iris olandese
inebriante aggraziato e cortese,
un miscuglio floreale formeremo,
i cuori di tutti voi felici faremo;
con gli stupendi tritoni rosso fuoco
stiamo a meraviglia in ogni luogo.

Se invece ci lasciate nel giardino
ci uniremo al profumato gelsomino
insieme ai gladioli e le rose blu
la nostra bellezza godrai tu
con la simpatica primula nel prato
e con ogni altro bel fiore generato
insieme ai magnifici garofani variopinti
e saponaria sui suoli lievi e spinti
si estende come tappeto a capolino
e insieme fanno lungo cammino.
Uniti alla graziosa campanula violacea
a chi ci ama offriamo pace e gioia;
c'è anche la peonia, romantico fiore,
nei giardini orna lunghe e ampie aiuole;
andiamo al siringo fiore candido
simile al fior d'arancio splendido.
Raffinato e delicato per ogni sposa
che lo porta sull'altare orgogliosa.
"A me non pensate" dice bianco spino
"Anch'io sono molto elegante e fino
Sono un fiore valoroso molto cercato
mettetemi in vetrina e sarò anch'io ammirato".

Maria Tiziana Dondi

NELLA VITA

Tutto passa
tutto cambia
in un attimo.
Ma i ricordi,
i ricordi
restano per sempre.
E sono soltanto miei.

RITROVERÒ

Ritroverò nei sogni
i battiti del cuore,
il profumo dei fiori
e i prati verdi
della giovinezza.

Ritroverò le speranze,
i lieti progetti
e le emozioni dei giorni
trascorsi con te.
Il tuo sorriso.

Ritroverò nei miei ricordi
quello che avevo,
ma che per sempre ho perduto.
E per un poco
sarò ancora felice.

ULTIMO AMORE

Sensazioni di sogno,
che credevo dimenticate,
cancellate dagli anni.
Pensieri gioiosi
che sai suscitare
nei miei giorni

prima vuoti.
Mio dolce, grande,
ultimo amore.
Amore impossibile
amore incredibile
amore insperato...
Amore
non ricambiato,
che, per il fatto di esistere,
rendi viva la vita.

NON SI PUÒ VIVERE

Non si può vivere
senza un raggio di sole.
Senza sogni
senza amore.

Non si può vivere
senza emozioni
senza gioie.
Senza lacrime.

E sento su di me,
come un macigno,
nelle ossa e nel cuore,
la stanchezza di vivere.

LA NOTTE

La notte è lunga:
per pensare
per ricordare
per sentirsi soli
per essere tristi.
Per piangere.

La notte è lunga:
per avere idee sorprendenti
per guardare la luna
per ascoltare il vento
per osservare la strada deserta.
Per inventare un sogno.

La notte è lunga,
la notte è solo mia.

VOCI

Chiacchiere
parole
voci
grida
frastuono
della giornata
trascorsa.
E poi... la sera
il silenzio della casa
vuota,
abitata solo dai ricordi.

Un silenzio
triste
cupo
di ghiaccio.
Pieno di rimpianti
per l'allegria di un tempo
non lontano.

E l'attesa impaziente
del giorno
per ascoltare
i rumori della via.
Le voci della vita.

ORMAI È SERA

Sembra ieri
il periodo beato
della mia infanzia.
Piena di gioia, di allegria,
di attese, di speranze...
Quando tutto era un gioco,
quando tutto pareva possibile.

Sembra ieri
la mia giovinezza:
momenti felici

e giorni tormentati.
Con le aspettative
spesso deluse,
gli amori finiti,
le euforie, le angosce...

E poi, in un lampo,
la maturità sonnacchiosa.
Serena e rassegnata.
Con le speranze vane,
i sogni cancellati,
i traguardi mancati.

E ormai è sera...

RACCONTAMI

Raccontami di te:
i tuoi pensieri nascosti,
i tuoi sogni segreti,
le speranze, le illusioni...

Raccontami la tua vita:
i tuoi dubbi e le tue certezze,
i dolori, i fallimenti,
le rinascite, le gioie.

Raccontami ciò che provi.
Gli ideali irraggiungibili
e quelli che, forse,
potrai realizzare.

Raccontami di te.
Perché voglio aiutarti,
perché voglio conoscerti
oltre le tue maschere.

SUI TETTI

Guardando i tetti delle case
tinti di giallo dal sole,
e i passeri grigi
che vengono a cantare
in terrazza

coi miei canarini
ritrovo
un momento di gioia.

Testimonianze critiche

"Strana malinconia, abulia, ricerca di un qualcosa che sembra inesistente, è il tema ricorrente della poesia di Maria Tiziana Dondi.

Dolcezza e amarezza sembrano fondersi, stanchezza e speranza si integrano in un contradditorio sentimento esistenziale.

Il rimpianto è vivo e penetrante, suggerisce liriche di rara bellezza nella loro toccante semplicità. Consapevole della realtà terrena, di un triste destino che attanaglia l'uomo, si rende conto, talvolta, dell'inutilità dell'affanno, del cammino senza tregua do ognuno di noi.

La poesia diviene forza trainante, musica armoniosa, miraggio di un raggio di sole anche nel buio più profondo (da *Letterati e artisti*)."

Tina Piccolo

"Poetessa della vita, del quotidiano fluire del tempo, La Dondi sa analizzare se stessa e guardare nell'intimo delle persone.

Sa che nulla è eterno, le stagioni si rincorrono, l'esistenza è fragile come una meravigliosa coppa di cristallo, ma la poesia è un 'racconto dell'anima' che consola, unisce, lenisce d'incanto anche il dolore. La poesia è un ponte che nulla e nessuno può abbattere e conduce al di là di ogni segreta speranza.

È il codice del cuore, quel linguaggio speciale che solo le anime sensibili possono comprendere.

Lirica dopo lirica, le pagine sono come carezze per il lettore che con attenzione ed interesse le legge e le rilegge.

Chiarezza espressiva, immediatezza del messaggio, musicalità intrinseca, sono caratteristiche della poesia della bravissima Maria Tiziana Dondi.

Non mancano commoventi dediche a personaggi indimenticabili come Papa Wojtila, alle creature amate, a rimembranze che rendono il 'passato ancor più prezioso'. Fede, amore, eventi importanti, preghiere intense, stille di gioia, rugiada di sogni da realizzare, delusioni e lacrime cocenti, tutto diviene un caleidoscopio di emozioni e sentimenti, nel grembo delle notte stellata."

Tina Piccolo

Francesco Luigi Errigo

Da *Poesie* - 1970

NOTTE

Luna accerchiata di stelle
abbagli la mia solitudine
che si perde nell'universo.

Da *Poesie* - 1975

ATTESA

E il sole si allontanò.
La valle muta
accoglie i passi di chi
porta con sé la vanga
il viso
sofferente
la speranza
degli alberi in fiore.

E il sole si allontanò.
Silenzio di parole.
Silenzio di pensieri.
Silenzio d'amore.

C'è chi attende.
E il domani rivivrà
le angosce
gli affanni
le sospirate
gioie.

Rivivrà la mia umiltà
di vivere la smania matta.
E il domani rivivrà
le mie colpe
i miei pentimenti

il mio perdono
la mia fede.

IN UN ANGOLO DELLA TERRA

Con l'impeto
della passione
spezzerò
catene
di pentimenti
in un inno d'amore.
Mani
incallite
non offriranno più
devozione e sudore
alla legge
dei baroni.
Un atto
di grazia
chiederò per gli uomini
pane
lavoro e pace:
un canto
di vittoria
nel dolore
della mia poesia.
Gli uomini leggono
negli occhi del Sud
sentenze di secoli.

IMPRESSIONISMO

Se tra sassi pungenti
vedrai avanzar da lontano
nel deserto
un uomo curvo
con passi pesanti
il volto bruciato
dai raggi del sole
non temere, amore mio!
Ritorna il figliuol prodigo!

Se dentro il fardello
sentirai nella sostanza nera

l'aroma della terra
prega, tesoro mio!
È il Sud che vive!

Se le mani stillano sangue
il cuore trafitto
porta amore
negli occhi socchiusi scoprirai
lampare accese specchiantisi
nelle acque azzurre
dello Jonio.

Da *Ritmi e note*

POETICA

Con sospetto
lasciare
gesti
vocali
suoni
stonati
nelle lettere
del cosmo
ricreandoti
in un grido.

Da *Luoghi del cuore*

OFFRO LA MIA NASCITA

Trovarsi avvinto
alla volontà mai doma
nella verità
in una società da ricucire.
Non chiedo a nessuno
di accompagnarmi
dove canto sgorga
dalla pena del vivere
ma esempi di onestà
che rischiari la vita
nel cammino.
Offro la mia nascita
in terra mutilata

da lutti di comete
dove il male consuma
in ogni dove.
In un coro opulento
di bugie e denari
un'umile madre grida:
"Figlio, sei in croce!".

VERRANNO NUOVI LUPI

Verranno nuovi lupi
a predare agnelli
in ombre di agguati
o mia terra!
Da viscere profonde
si alzeranno grida
che additano il morire
e sarai indifesa!

DIARIO

Ho vissuto
nella povertà che fioriva
la vita onesta e sana
custodendo della stirpe
l'onore delle radici.

Ho vissuto
in domestiche cure
il tempo che mi fu caro
nella gioia
di episodi innocenti.

Nel disprezzo coraggioso
di casi infelici
ho vissuto gl'inviti
dell'ultima stella
nei travasi notturni.

Ho vissuto
timidi scorci
nella pace della valle
culla di riposi
nei cri cri dei grilli.

Ho vissuto
nella musica dell'acqua
sotto lacrime di stelle
la voce dolce di mia madre
in mistici rosari nelle sere.

Da *Viaggio lirico*

NULLA SO

Nulla so
del mistero dei fondali
di creature marine
in tempi di rovine.

Ma so dell'anima
che brucia d'amore
nel diagramma universale.

Su rive lungo etnie
di storie e culture.

TESTIMONIANZE CRITICHE

"...la sua poesia nasce dal concreto, dal sentimento e la capacità fondamentale è quella della sintesi lirica, di scolpire la situazione in modo che essa non diventi evanescente o aeriforme; anzi l'ethos, la condizione di giustizia e onestà influiscono sulla resa poetica, che nello stile è priva di aggettivazione inutile e di ornamenti; direi che l'emozione etica innalza la specificità lirica."

Antonio Piromalli

"...è un libro corposo, ricco, tutto materiato di emozioni, riflessioni; un libro che è in sé essenzialmente lirico, che scava in profondità nella vita e nei sentimenti (da quelli familiari a quelli amorosi sino ai più universali moti di gioia e di dolore dell'esistere) e che è insieme un intenso diario, un percorso della mente, oltre che del cuore, come il tutto sottolinea, una lunga riflessione sul segreto dell'anima, delle cose."

Giuseppe Conte

"Errìgo fissa in parole e immagini un caleidoscopio colorato di vibrazioni e, al tempo stesso, riproduce le atmosfere passionali dell'America Latina."

Maria Teresa D'Agostino

Ornella Ferrari

(Dal romanzo *Varga Monga*)

CAPITOLO XVII

In quel mattino di gelido inverno, l'alba faticava ad imporsi al giorno. Era pigra e insofferente alle sollecitazioni di un sole che premeva contro la vetta del grande monte. Non aveva fretta di dare la sveglia all'operosità degli esseri umani e si attardava tra le coltri della notte fino all'ora settima, ignara del richiamo del gallo, che si sgolava per dare la sveglia alla pigrizia e all'indolenza delle sue galline.

Finalmente, il disco opacizzato dalla bruma notturna, si decise a dare leggeri cenni della sua presenza nel cielo freddo e ancora cupo. Forse per riscaldare il letto di nubi che incappucciava il ghiacciaio, ne incendiava l'orlo con strali rossastri, e queste, disturbate dal suo calore, si scostavano lentamente dal suo volto, lasciandolo libero di illuminare il giorno nascente. Le ombre che incupivano il manto nevoso nascondendone le sfumature, si scioglievano rivelando la preziosità del candore, che brillava in cangianti riflessi argentati appena il sole lo toccava.

La montagna si trasformava sotto il miracolo del giorno, il candore del suo abito si impreziosiva di purezza e di abbagliante splendore.

La religiosità del silenzio inviolato sui pascoli intonsi di impronte e presenza umana, era privilegio degli animali selvatici che gestivano l'avarizia invernale con l'atavico istinto della loro razza.

Il miracolo di un'alba tersa e luminosa era cosa rara in quella valle, e spesso, quando si concedeva ad essere ammirata, veniva trascurata dalla fretta e dalla poca disponibilità dei valligiani ad alzare gli occhi verso il cielo, quasi che anche le palpebre soffrissero il freddo.

Dolcino si sentiva responsabile delle sofferenze dei suoi seguaci. Quando guardava gli occhi dei ragazzini sempre più grandi e cerchiati nei visetti pallidi e scavati, gli si stringeva il cuore talmente tanto da sentirsi soffocare. Allora pregava febbrilmente per prendere forza: era certo di poter dominare positivamente il loro futuro.

Vista la situazione, decise di scendere fino a Quare per chiedere aiuto agli abitanti e, se non glielo avessero dato, se lo sarebbe preso con la forza perché la carità era un dovere. Non poteva lasciar morire di fame la sua gente. Andarono lui, Longino, Alberto, Valderico e Federico, tutti i suoi luogotenenti.

Rifecero quei terribili passaggi divenuti viscidi e pericolosi arrivando incolumi fino all'inizio del paese. Avevano l'aria di lupi affamati: puzzavano ed avevano la barba lunga ed incolta. Non fecero una buona impressione, anzi furono accolti con molta diffidenza. I più non si rivelarono disposti a dar loro da mangiare: gli chiudevano le porte in faccia lasciandoli soli in mezzo al selciato come se fossero degli appestati.

Dolcino, esasperato prese a percuotere le porte, e poiché gli occupanti facevano resistenza, diede ordine ai suoi uomini di abbatterle. Cominciarono col prendere a spallate le porte delle prime case che furono spontaneamente aperte dai valligiani terrorizzati. Le donne corsero a vuotare le dispense mentre i loro uomini non osavano muoversi per paura che facessero del male ai loro figli.

Passarono al setaccio quante più case poterono, finché non udirono il vociare dei soldati, che risalivano la valle, avvertiti certo da qualche ragazzino mandato a cercarli.

Il bottino era soddisfacente e, senza colpo ferire, fuggirono lesti come lepri nonostante lo stomaco vuoto. Per qualche giorno si sfamarono, ma ben presto il problema si ripresentò.

Questa volta decisero di chiedere aiuto agli abitanti di Rassa, presso i quali avrebbero forse trovato più comprensione.

Rassa era un paese strano, appoggiato alle pendici di una montagna scoscesa al termine di una vallata impervia, incuneata tra il torrente Sorba, da un lato, e pareti rocciose che cadevano verticalmente sul sentiero di accesso, dall'altro. I massi granitici sporgevano minacciosi sul tratturo che si snodava come un serpente contorto tra le gole rocciose in cui il torrente liberava la sua forza, urlando moniti gorgoglianti ai temerari che osavano percorrerlo. L'ombra delle dita pietrificate protese verso le sponde ostili, facevano perno sullo stretto viottolo che, seguendo i capricci della montagna, disegnava strette curve in successione sulle quali l'instabilità delle rocce pendeva come una spada di Damocle pronta a colpire.

Alla fine del sentiero, concepito dalla natura come prova di coraggio per gli umani, appariva il piccolo agglomerato di case accovacciato ai piedi del monte alla congiunzione di due furiosi torrenti coreografici nelle loro evoluzioni tra piscine naturali di roccia, conosciuto con il nome di Rassa.

Chi vi giungeva dopo un percorso tanto orrido ed accidentato, restava piacevolmente sorpreso dalla bellezza del piccolo paese montano cui il sole elargiva parecchie ore di luce facendolo splendere come un piccolo gioiello incastonato nella roccia.

Si aveva la sensazione di trovarsi in un rifugio sicuro, sereno e ben custodito tra le braccia della valle dove la vita scorreva lontana da sguardi indiscreti, estranei ad un luogo che apparteneva solo ai suoi pochi abitanti, gelosi del proprio isolamento.

Infatti, tra i valligiani, erano i più diffidenti e scorbutici proprio perché si ritenevano autosufficienti e al di fuori delle frazioni facilmente raggiungibili e, quindi, difficilmente controllabili.

Questo isolamento diventava impenetrabile durante il lungo inverno valsesiano, quando la neve impediva l'accesso nascondendo il sentiero sotto metri di neve. Allora, Rassa si mimetizzava perfettamente con le rocce rendendosi quasi indistinguibile da esse non fosse che per il fumo dei camini sempre accesi.

Il silenzio si uniformava all'esigenza dell'inverno che pretendeva devozione e raccoglimento quando spargeva a piene mani i bianchi fiocchi per tessere il suo mantello e ammorbidire la spigolosità dei monti.

L'unico essere umano spinto a profanarla in questa stagione fu Dolcino, o meglio, la sua disperazione, perché come un lupo affamato scese dalla sua tana, tentando di sorprenderla dal lato più debole.

Non fu così, perché la voce si era sparsa rapidamente, erano ormai bollati come banditi e gli abitanti erano pronti a riceverli. Volarono calci, pugni, bastonate, e anche se Dolcino aveva raccomandato ai suoi di non far loro del male ma di limitarsi a spaventarli per prendere il cibo necessario, le risse divamparono un po' ovunque.

Anche i soldati furono pronti ad accorrere, e con loro non bastò semplicemente picchiare: fu rotta qualche gamba, spaccati i denti, contusi i volti e ferita qualche testa, scoraggiando l'inseguimento. Longino ed i suoi erano abili combattenti ed ebbero la meglio su quella marmaglia di mercenari.

Gli abitanti di Rassa, dopo qualche batosta, preferirono cedere alle richieste di Dolcino, e questo aumentò la sua fama di predatore e masnadiero. I soldati del vescovo si riferivano a loro chiamandoli "gàzzari", e così questo divenne presto il soprannome usato dagli abitanti dei villaggi della valle. E il loro rifugio, lassù in cima alla Parete Calva divenne per tutti il "pian dei gàzzari".

Quando tornavano dalle loro razzie, erano accolti da grida festose, specialmente dai bambini che allungavano le mani per un piccolo supplemento di pane. Dolcino non li deludeva mai.

I vecchi aspettavano in disparte, con aria umiliata. Non condividevano il modo di agire di Dolcino, avrebbero preferito che il frate usasse il suo carisma per convincere, non per costringere. Una notte di inizio Dicembre nevicò tantissimo e per parecchi giorni non fu possibile scendere a valle. Si ritrovarono isolati e affamati, intrappolati nel loro stesso rifugio.

Margherita aveva sempre il sorriso sulle labbra per incoraggiare tutte le altre donne ma talvolta spariva per ore.

Quando tornava aveva le mani paonazze, con le unghie spaccate piene di terra a furia di cercar radici, ed i capelli opachi e crespi si appiccicavano al capo facendo risaltare la magrezza del viso da cui spuntavano gli zigomi aguzzi sotto la pelle tesa e grigiastra. I suoi occhi azzurri brillavano come fossero febbricitanti e gli abiti, che un tempo seguivano le forme morbide del corpo, le cadevano addosso senza più sostegni. Però era sempre bella, di una bellezza ascetica che la rendeva eterea.

Vincenza invece, deperiva anche moralmente: guardava nel vuoto, era assente, non riusciva ad organizzarsi, si isolava restando in silenzio. Berga cercava di scuoterla rendendola partecipe alla vita della comunità, ma lei declinava l'invito dicendo che si sentiva troppo debole. Longino era molto preoccupato per lei, le voleva bene anche se non nel modo che Vincenza avrebbe desiderato. Almeno così credeva. Finché, un giorno in cui la ragazza sembrava particolarmente depressa, le si avvicinò dicendole:

"Vincenza, cos'hai? Perché non reagisci? Se vai avanti così finirai per morire. Non voglio che succeda, sei importante per me."

Vincenza lo guardò con sguardo assente:

"Non devi preoccuparti per me, non mi serve la tua amicizia, quella posso averla da molti altri. La mia solitudine è la sola compagnia che mi rimane: è fedele, non mi tradisce ed è sempre accanto a me, anche quando non la desidero. Non posso più farne a meno, il calore di un uomo mi ustionerebbe il cuore e morirei comunque perché qualsiasi uomo me lo desse non sarà mai quello giusto."

Longino si inginocchiò davanti a lei e, guardandola in quegli occhi neri e profondi, tanto tristi e rassegnati da sconvolgerlo, disse, quasi parlando più a se stesso che non alla donna davanti a lui:

"Dio, Vincenza, cosa ti ho fatto mio malgrado? Sono stato uno sciocco. Ti prego, lasciami rimediare al mio errore, lascia che io ti ami come tu desideri e come io ora voglio, dammi la possibilità di ridarti la vita, non respingermi."

Vincenza lo fissò sorridendo e con voce ferma disse:

"Non voglio la tua pietà, Longino, non posso accettarla, non voglio sacrifici, quelli riservali a Dio, io sono semplicemente una donna."

"Tu sei una meravigliosa donna, la mia donna se vorrai perché non è la pietà, ma l'amore che mi fa parlare così. Guardami Vincenza, non posso mentire a me stesso ora che la disgrazia si sta abbattendo su noi tutti. Devi vivere per me e per te perché io ti amo", terminò Longino sopraffatto dall'emozione di riscoprire un sentimento che credeva non potesse mai più provare.

Con delicatezza, quasi avesse paura di rovinare un oggetto fragile e prezioso, l'attirò a sé, baciandole la fronte, gli occhi, le guance, la bocca, lievemente, con tenerezza.

Vincenza si abbandonò all'abbraccio che aveva sognato per tanto tempo invano, le braccia di Longino stringevano veramente il suo corpo ossuto cui le privazioni avevano tolto morbidezza e sensualità.

Rimasero abbracciati, senza parlare per un tempo che a lei sembrò infinito. Non osava muoversi per non sciupare quel momento unico ed irripetibile che unisce emotivamente e spiritualmente due esseri che scoprono di amarsi.

Quel lungo abbraccio durò tutta la notte in cui sciolsero il silenzio e la solitudine delle loro vite e, per la prima volta, furono veramente felici.

Vincenza gli raccontò della sua infanzia violata, della giovinezza mai vissuta e dell'incontro con Margherita che per lei aveva rappresentato la salvezza e che le aveva dato la forza di ribellarsi con la consapevolezza di sé come essere umano.

Longino le parlò del suo amore per una donna che aveva sposato un altro, non avendo avuto il coraggio di contravvenire alle convenzioni che il suo rango le imponeva. Lui aveva vissuto come uomo d'armi senza mai affezionarsi a luoghi e persone, finché a Bergamo aveva incontrato Dolcino decidendo di combattere per la sua causa. Aveva fatto la scelta giusta, diversamente non avrebbe conosciuto lei.

"Sai, Longino, nel gioco degli alberi tu sei veramente un acero: bello, forte e unico", disse Vincenza.

"Coosa?", replicò Longino guardandola come se fosse impazzita.

Ridendo lei gli raccontò di quando con Margherita, nei boschi della Balma, cercando funghi, si erano divertite a paragonare lui e Dolcino a degli alberi per trovare una somiglianza fisica.

"E tu sei un nocciolo, dai frutti gustosi ma duri da intaccare", disse di rimando Longino.

"Brutto ingrato, pensavo mi paragonassi ad una rosa, con le spine: sono le più profumate", rincarò Vincenza fingendosi offesa.

Scoppiarono a ridere come non succedeva da anni, scoprendo di esserne ancora capaci nonostante il luogo e la situazione.

Quando Margherita, il giorno successivo, li vide, capì che era avvenuto il miracolo. Dell'amica ripiegata su se stessa dall'inedia non era rimasto più nulla: Vincenza aveva ritrovato vitalità e fierezza, tanto da apparire più robusta.

Longino sorrideva e al cicaleccio di Vincenza seguivano scoppi di risate. Era la prima volta che vedeva i denti di Longino esibiti in una panoramica a tutto campo. Erano bianchi e regolari con gli incisivi leggermente più grandi. Superava Vincenza di tre spanne abbondanti, e sembrava volerla proteggere con tutto il suo essere. I loro sguardi erano più eloquenti di qualsiasi altra cosa: non si lasciavano mai, erano attirati come calamite e parlavano un linguaggio segreto, superfluo di parole.

Anche quella mattina nevicò e con i fiocchi precipitava pure il morale di quei disgraziati attanagliati dai morsi della fame.

"Dobbiamo abbattere un mulo" disse Longino a Dolcino che non poté fare a meno di approvare la proposta dell'amico, anche se a malincuore.

"Ci pensiamo noi" intervennero Tommaso e Alberto.

I ragli strazianti della povera bestia si sentivano fino oltre la valle. L'odore del sangue caldo eccitò i lupi, scacciati dalle prime nevi dalle zone più alte dei monti e progressivamente avvicinati al campo attirati dall'odore degli uomini e delle bestie. Ora si aggiravano a poche centinaia di passi, silenziosi e determinati.

Menotti Galeotti

Da *Racconti*

IL POLLO ARROSTO

"Guarda com'è bello!"

"Non è vero, sei come gli altri... voi maschi siete stupidi e fanatici, credete di avere un tesoro fra le cosce... perché ridi, è proprio così."

Dal fondo del letto lui solleva il lenzuolo, copre il corpo lasciando fuori il torace, le afferra la mano, la stringe forte finché lei non urla dal dolore.

"Suvvia, è tardi già buio, alziamoci prima che chiuda il supermercato... voglio comprare un pollo arrosto, ci berremo sopra il vino delle nostre parti, rosso come il sangue di un bue."

Marisa non se lo fa ripetere, salta fuori dal letto: "ah sì, mi è venuta una fame da lupo... smettila al guardarmi con quegli occhi" e si precipita in bagno; Andrea a pancia sotto tuffa il viso nel cuscino, trattiene il respiro, inizia una due tre flessioni.

Per alcuni minuti il rumore della doccia gli segnala che lei è ancora lì, poi avvolta in un largo telo se la vede comparire davanti, rossa in viso e i capelli neri gocciolanti.

"Dai, ora è il tuo turno... vedi di far presto."

"In dieci minuti sarò bell'e pronto."

La luce dei lampioni trafora la pioggia che cade lenta sulla via di Novoli, verso la periferia della città; le auto sfrecciano sull'asfalto sollevando acqua e fango. Ai lati la lunga fila di fabbricati alti e scuri, che paiono sfidare la coltre grigia del cielo, d'improvviso si spezza per far posto a un edificio basso dalla pianta larga dove le insegne al neon ancora accese avvertono che il supermercato è aperto.

Andrea accosta il motorino al marciapiedi e di corsa, insieme a Marisa, raggiunge l'entrata. Nel locale pochi avventori fanno l'ultima spesa. I due giovani si avvicinano al banco della rosticceria dove in bella vista campeggia un pollo ben arrostito.

"Non è caro, vero?" E Andrea se lo fa subito pesare e incartare. "Ora troviamo il nostro vino" e fra i tanti in mostra sceglie un Chianti a buon mercato.

Marisa vorrebbe restare ancora un po' e approfittarne per qualche altro acquisto, ma Andrea ha fretta e allora si avviano all'uscita: "l'hai sempre vinta, chi ti corre dietro?"

"Nessuno, e tu non ti preparavi a spendere i quattro soldi che hai in tasca?"

"Oh, non si diverrà più poveri se si compra un paio di calze!"

"Lo sai che da più di un mese sono in cassa integrazione e chissà quanto durerà..."

"Non sarà anche questa colpa mia..."

"Via, ho l'impressione che se non la smettiamo di litigare, finiremo col bagnarci come due pulcini... mi pare che la pioggia rinforzi."

Appena fuori alzano gli occhi al cielo, poi si girano ed entrambi vedono un tizio in procinto di salire sul motorino di Andrea. È lui il primo a correre e a gridare: "ehi, lascia il motorino, è mio."

Marisa strilla, inciampa nel marciapiedi e cade a terra

Dall'ombra sbuca un uomo, colpisce alla testa Andrea che si piega su se stesso e sputa sangue.

Nell'immediato nessuno accorre: la strada è deserta, il motorino lontano.

Quando alcune persone escono dal supermercato, vedono Marisa stravolta che tenta di soccorrere l'amico. Poco dopo arriva l'ambulanza, il giovane viene assistito e portato in ospedale; Marisa è lì, piange accanto a lui che va rianimandosi.

Sulla strada restano i vetri di una bottiglia in frantumi, appena più distante l'involucro del supermercato.

BERSAGLIO

Luna park...
frastuono al tiro
        a segno
occhi di bambini
mira al centro...
            bravo-o!
la bambola in dono.

Deserto rosso...
ta ta bum bum
bersaglio centrale
lingua nella sabbia
silenzio - voci
        s'incrociano
fila di cammelli
        a tre zampe
laggiù l'orizzonte...
strette di mano al Palazzo
        di Vetro.

NOTTE DI OSPEDALE

Notte da non credere
due vecchie han fatto pipì per terra
racconta l'infermiera
gira l'ago in vena
penso che accidente
sono queste arterie malandate
nel suo lettuccio l'altro russa forte
fuori il cielo scuro
novilunio senza stelle
l'orologio sembra fermo
tic tac fa rumore
pure lui finge sonno
in attesa del mattino
chiudo gli occhi - batte il cuore
mentre invano cerco
la tua mano.

LUNA

Da stelle in luna si vede
                    assente
mare magmatico
cespugli/storia eterna
né vento né canto
parlano di lotte o guerra
le ultime rocce cadenti...
astro lontano di fine
                    apparente

orme invasori dal pianeta
maggiore/ "il resto di niente"
o siluri di acciaio
nel vuoto esistente.

NEL VUOTO

Vuoto buio ombra nera
non-luce (solo il sogno
dà colore sul limine delle notti)
e il prima degli universi
prima di stelle e mondi
emersi dal fluttuare

di energia e potenza
tu atomo da vertigine
folle nel Caos dell'etere.

Testimonianze critiche

"...I versi di Menotti ci appaiono brevi e scolpiti quasi con l'intento di carpire l'attenzione per l'urgenza di ascolto, dove le immagini sono condensate con l'uso vibrante delle parole, mai banali, ma create piuttosto, in maniera sorprendente, sulla forza interiore come, del resto, tutto l'andamento dei versi abbraccia questa fluttuazione, mentre il percorso poetico non è quello di immagini che preparano un'acme, ma piuttosto uno scivolare angoscioso e consapevole, sia per la condizione del mondo che per la morte che, con il suo aleggiare, dà alla poesia una connotazione malinconica e dolente, compensata tuttavia dagli affetti. Quando la poesia si fa più lirica, essa svela se stessa in una serrata dialettica ed in una metrica più sciolta che lega i versi in modo pausato, secondo un fluire e un placarsi, nel rarefarsi e riaffiorare d'emozioni. Ed è tutto un alludere e deludersi, un accennare quasi con pudore al dolore. Pudore, quello di Menotti, nei confronti della fenomenologia del reale e del frastuono del quotidiano che implica sollecitazioni anche drammatiche, ma che genera una poesia dove l'agitata superficie delle emozioni finisce sempre nel solenne impegno in difesa dell'uomo e della vita stessa. (...) Ma Menotti è anche un buon narratore che ha al proprio attivo ben sei romanzi e due raccolte di racconti, nei quali la narrazione scorre fluida e limpida, senza assunzioni barocche o ricercatezze cruschevoli, senza rinunciare, tuttavia, ad un discorso garbatamente sintattico ed ancora attento a tutelare i buoni diritti dell'umanesimo. I dettagli paesistici, pur presenti, si realizzano attraverso limitati indugi, sui particolari in poche ed efficaci pennellate, dove tutto è poeticamente risolto, mentre il nucleo lirico-drammatico, morale e sociale, pur essendo lo scopo primario della narrazione dei vari testi, sa restare discretamente nell'ombra..."

Lia Bronzi

"...una responsabile e raffinata invenzione narrativa..."

Neuro Bonifazi

Roberto Garbarino

Da *Del pensare contemporaneo*

IL FENOMENO ESISTENZA

Intendo analizzare il "fenomeno" dell'esistenza come un paradigma che non ci appartiene, che non appartiene a noi "umani" in quanto esseri viventi.

L'esistenza è cosa, è materia di pensiero, è "proprietà" nel momento stesso in cui la viviamo e ne siamo consapevoli di un essere che "è".

Noi siamo il frutto ontologico dell'esistere, tuttavia il problema del "perché siamo" e del perché del tempo sono favole che l'uomo si è creato per significare, spiegare l'inspiegabile ed essere ancora.

La filosofia nel corso della sua storia ha creato ad arte complicanze inutili su tale tema per ricreare "humus" di nuovo pensiero.

Si spiega così il vuoto filosofante contemporaneo che impera oggi con la caduta dei valori.

Dio sta abbandonando l'uomo? È l'uomo che sta abbandonando Dio?

La filosofia attuale deve liberare l'uomo dalla schiavitù di se stesso, dagli schematismi della severa Ragione, come dagli iperbolici luccichii di vana irrazionalità.

Solo così l'uomo nella consapevole finitezza terrena può anelare alla spiritualità e al sacro, spogliandosi dalle inutili maschere esistenziali, ed accettare ciò che è, ed essere ancora, in una genuina Kenosis.

Solo allora la filosofia potrà comprendere, o meglio, tentare di comprendere il volere di Dio, senza "banalità del cogito".

Comprendere il fenomeno Dio nella sua interezza.

Tuttavia è più difficile significare la negazione di Dio e non il suo contrario.

Ciò sta a testimoniare la bellezza del pensare soggettivo nell'ineguagliabile ascesi evolutiva umana.

L'essere umano può dimostrare solamente il suo "soggettivo essere" e metterlo in relazione con "l'oggettivo dubbio" misterico e metafisico.

Altre dissertazioni sono solo pure speculazioni filosofiche che creano solamente mera confusione, e una babelica visione della filosofia.

TEOLOGIA EVOLUTIVA E RIVELAZIONE DELLA VERITÀ

Non si può accettare Dio, l'idea di Dio come "cosa in sé", come fattore che "È" in quanto "È", poiché sarebbe la sua radice stessa che nel corso del tempo soccomberebbe all'evoluzione carnale umana.

Il Figlio Dio ci disse "io sono in quanto sono", "io sono colui che è". Tali affermazioni sono fondamentali ai nostri orecchi come conferma iniziale, tuttavia Dio deve essere cercato, pensato, amato quotidianamente con una santa inquietudine interiore.

Non è Dio che deve dimostrare a noi la sua esistenza, siamo noi in quanto umani che dobbiamo cercarlo in un cammino spontaneo, e tutto ciò è la Via dell'Amore chiaramente sufficiente.

Ed è in tale assunto che assume un rilievo importante il concetto di "Teologia Evolutiva" nell'avvertire il dogma profondo del "Geist" quotidiano in un nuovo "Idealismo" accogliente l'idea di Dio.

In tal caso la Teologia studia, la Filosofia crea, per creare ancora.

Il concetto di Dio è assai semplice poiché è "essere" nella "'spontaneità immanente" ed è ora, ed è Eterno nel tutto in quanto ora, nel momento stesso in cui lo penso mediante le capacità della coscienza in quanto facoltà sensoriali eidetiche pure.

Vivere la percezione dell'assoluto in prima istanza è talvolta "eideticamente" sconcertante se non si conosce l'emozione, se, in sostanza, non ci si conosce e riconosce nell'essere in quanto essere, nel fine ultimo della nostra esistenza.

Nell'esistenza che ci conduce nel cammino quotidiano del nostro invecchiamento al cosiddetto "climax" finito, noi possiamo avvertire la "Rivelazione", come odore dell'anima.

Il filosofo che avverte la Rivelazione della Verità intuisce, diciamo così, i contorni del linguaggio Spirituale, il cosiddetto "Alfabeto di Dio".

La Verità è sensazione nella Anachoresis.

La filosofia approva, sconcerta, divinizza, santifica l'idea di DIO mettendo il sentimento di "relazione" fra carne e spirito, fra uomo e divinità.

È l'unico mezzo necessario per arrivare come scala di sapienza alla sua architettura, per conoscerlo nel suo grande essere nel Limine della sua saggezza, per comprendere il suo desiderio di apparire Eterno ed Assoluto.

A mio parere Dio è più semplice di quel che sembra. Siamo noi con le nostre cadute e complicanze che gli releghiamo colpe per giustificare nostre mancanze, e talvolta lo investiamo di un narcisismo che non gli appartiene.

Quando un filosofo nega Dio, sa che inconsciamente lo ama, poiché lo nega per via del suo narcisismo primario, nello stesso modo in cui si nega un genitore.

Ma è proprio nella fase evolutiva in cui il filosofo stilla il meglio della sua arte sapienziale.

Dopotutto sia Socrate che Platone "avvertirono" la venuta di Cristo secoli prima.

Ed è proprio questo avvertire che si traduce nella terminologia della rivelazione filosofica che crea l'illuminazione, ed è interessante rilevare come talvolta il filosofare, senza neppure saperlo, riproduca concetti ontologici già presenti in passato, ciò significa che il "divino" in genere unisce e non divide, e la filosofia potrà rigenerarsi nella coazione delle sue stesse fonti.

Chi sostiene il nulla, non può negare l'esistenza di sé nel momento in cui lo pensa.

La Verità nell'apparirci soggettivo è fenomeno inteso come mito di proiezione genitoriale di "parusia", come ritorno di amorosi sensi infantili.

La Verità è dentro di noi ed è intelligibile.

È dentro di noi come memoria inconscia, di un perché senza un perché, di un essere che è.

La verità è sensazione della percezione che sconcerta il pensatore.

Per accedere alla Rivelazione della Verità occorre "non essere verità" nel momento stesso in cui la si pensa.

Conoscere la Verità significa, in primo luogo, non conoscere ciò che si vuole conoscere come il "Katecon" della nostra più bassa ignoranza.

La Verità è in ogni luogo, è locus animus di SAPIENZA DIVINA, è luce che splende dal Pneuma.

La V. e la rivelazione stessa sono gli elementi costitutivi del perché primario della ragion d'essere, di cosa è il tempo, sono gli albori e le fonti stesse della filosofia, stillati dai nostri atomi cerebrali come Pietra filosofale del Perché del Tutto.

Se il tutto appartiene a Dio, ed è cosa di Dio, Dio appartiene a Dio nel suo perché d'essere atemporale.

In sostanza tali Elementi sono la Via di accesso mediante la cosiddetta Teologia Evolutiva per arrivare alla comprensione.

E nella comprensione stessa può sussistere in tal caso un concetto di "Scienza Divina".

Poiché la scienza in quanto scienza è frutto del pensiero umano nel dimostrare e scoprire i vari fenomeni della natura che esistevano da tempo.

L'uomo deve trovare la Conoscenza nell'oggetto stesso del suo pensiero, poiché è già conoscenza dal suo primo vagito.

Egli nel conoscere è testimone di Sé nell'identico modo un cui un'opera d'arte comunica al fruitore pathos ed emozioni transferali.

Se la coscienza è il contenitore, l'Arte è il suo contenuto.

Arte intesa come Sophia, Poesia, Pittura in genere, sublimano l'homo nel tentare un probabile Insight verso la divinità.

E non vi è più Verità e conoscenza nell'anelare l'essere Ora, nell'immediato per desiderare d'essere in futuro, inteso come nuova possibilità conoscitiva.

La vita non è mistero se si desidera l'eterno nello stesso modo in cui un bimbo attende il Natale, se ci si sente sedotti dalla arbitraria libertà di sapere, conoscere, amare, ricordare, volere il bene di se stessi e del prossimo.

Ecco allora il vero Mistero, ecco allora il passo successivo ovvero "Il Corpus Mistico", l'uomo che intende se stesso non più come dogma del proprio IO, ma è favorevole al tutto, alla fusione Amorevole e spesso commovente con il dolce stupore universale che non è altro che il frutto della propria conoscenza. Come un sentimento di fusione cosmico nel liquido amniotico materno.

Tale fenomenologia intende porre le capacità della propria coscienza, le facoltà della propria coscienza nell'intendere il fenomeno di ciò che si è, nell'oggetto che è, nei gradini spirituali della Verità, e non vi è più verità, di ciò che sono ora, poiché sono in quanto esempio e dimostrazione vivente del mio essere, per me stesso e per chi mi circonda, e nel ricordo di chi mi vorrà bene.

E tutto ciò è parte della meravigliosa dote che ha l'uomo che è il dono della Creatività.

E le Vie pertanto sono la Filosofia, ed il pensatore non è che un artista del pensare, come il Pittore lo è del colore, lo scultore con la forma, il Poeta con la parola, il musicista...

E a mio avviso tali esempi possono sussistere tutti insieme in un'unica figura.

Appare importante in tali casi l'elemento fondamentale della Innocenza, dello stupore infante, tipico dei bimbi. Spesso i Mistici sostennero nel corso delle loro confessioni che bisogna avere l'animo puro di un bimbo per mirare la luce Divina, per conoscere il Signore nelle dimore della nostra anima.

ESIGENZA DI SACRO E NUOVA ERMENEUTICA NELLA SOCIETÀ CONTEMPORANEA

Appare evidente nell'odierno un desiderio timido quanto sconcertante, e per sconcertante intendo la significazione positiva del termine, di spiritualità, di arrivare in sostanza nella penombra del week-end di un eremo italiano a conoscere se stessi.

Molte famiglie e single provano tale esperienza e raccontano tali vissuti con esiti esaltanti.

Tutto ciò può apparire incoraggiante a prima vista.

Ma una severa Ermeneutica del comportamentismo contemporaneo potrebbe far supporre ad un fenomeno relegato alla moda attuale.

La società forse sta ritornando alle proprie origini di un secolo fa con il ripopolamento delle campagne, la struttura della famiglia appare in crisi.

Molte persone di varie culture ed estrazioni sociali avvertono il bisogno di votarsi all'Eremitismo.

Una forma apparente di distacco dai beni materiali del branco, dal cosiddetto gruppo sociale, per ricercare una forma esistenziale più profonda a contatto con il vero Sé.

Se l'uomo ha un'anima, l'Eremitismo appare la forma vivente e spontanea di avvicinarsi al Sacro.

Licio Gelli

Da *Poesie*

ALLA MIA PORTA

Se un giorno
alla mia porta
tu busserai
e ti risponderà
il silenzio,
sappi che tutto
ho dato
perché tutto
mi è stato chiesto.

Alla mia porta
che resta muta
lascia un segno
del tuo passaggio,
perché ti riconosca,
fratello del silenzio.

LA LUCE DEL CREATO

Ti cerco,
invisibile luce del creato,
che fai palpitare
il sottile dentro di me,
il mio spirito, la mia anima.
Tu passi,
luce invisibile
quando non sei attesa,
quando si guarda altrove,
quando si cerca nel buio.
Ora ti invoco,
serena luce di Dio,
per i miei antenati
che dormono dentro di me

e non si destano,
perché non grido.

I NOSTRI ANNI LUNGHI

Beate queste sere ove ti penso
oltre il tramonto nuvoloso e cupo.

Il mare trema e agita
scomposte spume sugli scogli,
la campana rimanda echi di preghiera
fino alla casa rosa e a quella gialla,
che strapiombano in mare i radi pini.

Beate queste sere di pace,
ove sono tranquillo con me stesso.

Ho ripreso a parlare col sartiame
delle barche in secca,
con la piccola chiesa,
col fico appeso al muro.

Ripenso i nostri anni lunghi,
passati in un baleno.
L'orologio rintocca
ora lente
le cadenze dei remi.

Tu forse sai se questo approdo,
ove siedo a pensarti,
è l'ultimo:
se lo spazio avanti questa rada
l'orizzonte preclude.
Dio, quanto pesano i venti,
le tempeste, le bonacce grevi,
disperate,
che superammo insieme.

Attendo il gesto leggero
Della tua mano sottile
Sul mio cuore.

VERSO UN ALTRO TRAMONTO

Una striscia intensa,
di rosso,
che sempre più tenue
si sfuma, divide le sagome
scure sui tetti
e dei monti,
dal resto del cielo.

E avvolgendo
qualche piccola nube,
le dona
un colore irreale.

Sullo sfondo,
tanti piccoli lumi,
in lunghe file,
o sparsi nel nero,
che crescono,
col passar dei minuti,
come le stelle
più in alto.

Il chiarore, che piano
si smorza,
lasciando il posto
a una fetta di luna,
e strappa un sospiro
e mi spinge più avanti,
più vecchio,
verso un altro tramonto.

L'ACQUA DELLA MEMORIA

Non c'è dolore più grande, e ben lo sapevano
gli dèi, di due sposi che per decenni
hanno vissuto insieme, amandosi e non mai
separandosi, se uno di essi muore.
Le lacrime del superstite non basteranno
mai, il ricordo sarà sempre più
doloroso. Un fatto che non può essere
colmato da preghiere, da parole, che offusca
le cose d'intorno, che ti porta l'immagine
radiosa dei momenti felici con la persona

cara, che ti fa vivere solo per lei,
nel suo ricordo.

Grande era l'amore, e di lungo tempo,
tra il pastore Seleno e Argira,
ninfa della Tessaglia. Seleno capì
che la morte stava per rapire la sua amata
e, nel vederla deperire e avvicinarsi
alla fine, anche lui si consumò
nel corpo e nell'anima, minato dalla
disperazione. Venere, commossa,
volle evitare quel dramma e tramutò
la ninfa in fonte e il pastore in fiume.

Ma col tempo, Seleno dimenticò
la sua amata. E questo fu voluto da Venere,
che non sopportava il dolore di quanti
perdevano l'amore della loro vita
e per sempre si struggevano. Per questo,
chi non voleva impazzire di dolore e voleva
dimenticare chi non c'era più, bastava
si bagnasse nelle acque del fiume Seleno
e immediatamente dimenticava la persona cara
perduta e ritornava a vivere.

Da *"Canzone per Wanda"*

    Wanda,
    una parola ancora,
    l'ultima,
    che dica tutto.
    La parola è vita.
    la parola è Verbo,
    che crea e ricrea,
    che nasce e rinasce:
    quale parola ultima,
    da porre sulle tue labbra,
    e che sia eterna?

    Una parola cristallina,
    di acqua a cascata,
    della tua gioventù,
    dei tuoi sedici anni,
    con i capelli a onde
    cadere sulle spalle,

e nei tuoi occhi
le stelle di vita
che io rubavo
al firmamento.

Fresca,
appena dipinta
da un pittore innamorato,
nella sera te ne andavi
sulla tua bicicletta,
il sorriso grande,
i capelli sciolti,
la figura superba:
il mio sguardo
incantato
ti fotografò così
e così ti volle,
giovane e bella,
solo mia,
per sempre.
....

Mirella Genovese

Da *Codice segreto*

DIALOGO

Ascolta la brezza
che sfoglia i petali
con i passeri dialoga
con l'usignolo e il tordo.

A notte il campanile
interpreta
il linguaggio rintocca
lento l'ore.

Tu escluso non registri
i segni le valenze
i rarefatti codici
le cifre.

BOOMERANG

Mandorlo appena
fiorito in cima
obliquo pronto
a ricacciare allodole
come boomerang
in volo
a corone barocche
o stile impero
nel cielo azzurro
cupo affrescate.

Da *Cartografia*

ARIA

Profumo di mare
tra onde e onde

                di aria
                        divaga.

Guizzano pesci
            tra le nubi
madrepore hanno sede
            nei cieli.

Laddove il salso
aroma vanisce
il vento pervade
l'aria
con musica
                        che di onda in onda
                              si spande
                                    l'incanta

finché lo spazio
è solo pura
            musica
            e mare.

EQUINOZIO SU CARTA

È l'equinozio
            il mio preferito
l'equinozio
            che inclina
in bilico
            verso il fiore
il colore pastello
            o fiammeggiante
dell'autunno
            con foglie purpuree
            come sangue.

Al centro l'attimo
spartisce i sogni,
ma l'alba s'insinua
nell'onirica notte
e avviluppa l'oltre.

CASA IN CARTA

La casa era una carta
geografica gialla

con quarti di marroncino.

Il polo azzurro
sotto i piedi
non gelava le dita.

Imprecise tarme emergevano
con tratti secchi
da quella geografia.

Non so se Africa
al mio dito s'offriva
      o Terranova
o la flotta cilena.
      Così l'avventura.

UTOPIA

Scompariranno questi continenti
il silenzio calerà
su questa mappa
l'azzurro stingerà
il verde il marrone
monti valli
     pianori
l'azzurro non luogo
    utopia
sommergerà la piramide
di Cheope il Partenone
    il tempio di Segesta.
Alzerai lo sguardo
e l'utopia avrà sede
in luoghi
    lontani dalla mappa.

Da *Ascolto*

SEGUNDO SUEÑO

I
Una sostanza leggera
allenta gli atomi
li disgrega per gradi
lievita le membra.

Solo l'alluce ancora
aderisce al globo in bilico
mentre il corpo aereo
s'eleva non so
se cigno.

Delle angeliche schiere
non fa parte
questa massa in ascesa.

L'empito nel mistero l'avvolge.
Fuori di peso
la libra.

II
Folgorata da luci
rapita da silenzi
dove ascendi,
anima mia?

In quali cieli
ti accoglie la solare
divinità concentrica
nel gas dell'elio
in nubi come anelli
o putti ruotanti
oltre le sfere?

III
Ancora t'irradi,
anima mia.
Contempli
il miracolo del sole
che al centro del sistema
danza con pianeti
sospesi nello spazio
come arance.

IV
In queste vibrazioni di energia
né pulsar
o quasar
arrestano il tuo
volo verso galassie
nel palmo abbagliante del Divino.

VI
Fiammeggia l'universo,
anima mia.
Nello splendore favilla
sommersa luce
in luce ti dissolvi.

Testimonianze critiche

"Versi, in fase di ricerca, quasi in evocazione avanguardistica, per coinvolgere il bianco delle pause, le distanze dei versi, gli incolonnamenti concettuali, la moltiplicazione dei sensi, non più univoci della parola che stagna, ma del pensiero che lievita e si evolve nell'infinito campo delle possibilità di musiliana memoria."

Giovanni Amodio

"Ci troviamo nell'alone di un respiro metafisico, in un discorso intenso, sfaccettato, pieno di luce, nella scia di un dialogo con se stessi che svela e rivela... Si pone tra silente preghiera e matura voce poetica."

Alberto Cappi

"Un lirismo intenso domina questi versi, immagini icastiche e di notevole levità poetica costellano l'immaginario dell'autrice e le parole si slanciano dietro l'impulso artistico in libere volute grafiche."

Flavia Buldrini

"La poesia di Mirella Genovese è tesa a perseguire il significato profondo delle cose di cui trattiene l'orma iniziale e la versione primitiva del progetto... Anche il verso adotta forma espressiva confacente alla vocazione di essenzialità, leggerezza, di traguardo trasognato che la poetica stessa suggerisce all'autrice."

Sandro Gros Pietro

"La poesia di Mirella Genovese parla con voce propria. E la natura personale di tale voce sta in quel discorso sinuoso e complesso, tutto intessuto di realtà, che conosciamo nelle precedenti raccolte. Un discorso che si materializza in una pronuncia musicale tenue e delicata, sostenuta al grado medio, e che si affida spesso ad un processo analogico per cui il paesaggio diviene il "naturale" specchio dell'animo."

Paolo Ruffilli

"È una poesia quanto mai varia di argomenti, ritmo, situazioni."

Giorgio Barberi Squarotti

Edda Ghilardi Vincenti

LUNGO IL LAGO

C'è tanta serena tranquillità
nelle acque sognanti del lago,
un senso di immobilità,
una sublime sensazione di pace...
Si riflettono le verdi rive
nelle acque appena increspate
e il paesaggio capovolto
sembra unirsi alla riva
come in un abbraccio,
come in uno specchio...

In quelle placide acque
si specchia la mia anima,
trovano pace i miei pensieri,
e percorro quelle rive di sogno
inseguendo indomita
le mie speranze, le mie illusioni,
e leggero si fa il passo
come il respiro di un sogno,
come il volo di una rondine...

C'è tanta serena tranquillità
Nelle acque sognanti del lago...

TRAMONTO SUL MARE

S'incendia il mare al tuffo del sole
al tramonto, ed una lingua di fuoco
lambisce l'orizzonte...
Si abbracciano il mare e il sole,
e dolcemente fremono le acque
alla calda, dolce carezza
di quegli ultimi, deboli raggi...

Un altro giorno conclude sereno
il suo affannato corso,

e tra poco fameliche le ombre
inghiottiranno le ultime luci:
e sarà sera, e sarà buio intorno,
poi sarà notte... Ritmi sapienti
della vita e della natura,
che dona le ombre dopo la luce,
il riposo dopo la fatica del giorno.

Ma gli occhi sono di nuovo avvinti
all'immagine rosseggiante del sole,
alle acque palpitanti del mare,
alla triste serenità di un tramonto
che accende delle sue ultime luci
il curvo orizzonte della terra
cullato da quiete onde scintillanti...

SPRAZZI...

Sprazzi d'infinito lontano
e di nostalgia
sul limitar del cupo inverno:
sensazioni nuove
che colorano l'attesa trepida
della primavera,
sprazzi di memoria che schiudono
nuovi orizzonti,
che riportano i pensieri erranti
alle timide magnolie
di un giardino antico e sognante,
a una bella dimora
dalle stanze austere vive di memorie
nei ricchi affreschi...

Sprazzi di passato che volano lievi
sulle ali della brezza,
nell'aria tiepida che sa di sole
e di nuovi sogni,
che scacciano lontano
sempre di più
i pensieri inquieti della mente...
Torna la bellezza
con la primavera, torna l'armonia
che cura e rinnova
la natura e l'uomo, consola l'anima
colma di inverno

donando nuove gemme di luce
e di speranza...

C'ERA, SÌ C'ERA...

Lieve come volo di farfalla,
il sogno mi ha portato lontano,
dove i pensieri si vestono d'azzurro
come il mare, come il cielo,
e le chiare cime dei monti
illuminano il verde intenso dei pini
e dei lecci, e sono luce nella luce,
incanto nell'incanto...

C'era, sì c'era, una magica atmosfera
in quel sogno ad occhi aperti,
in quella bellezza che ferma il respiro,
in quel mirabile equilibrio di colori
e di forme e c'era, sì c'era, la felicità
del cuore e della mente, l'armonia
impareggiabile dell'anima
immersa in quel paesaggio sublime...

Lieve come volo di farfalla
Il sogno mi ha portato lontano...

COME UNA VELA SUL MARE

Tu sei come
quella candida vela
che solca lieve
le onde del mare
scivolando tra le spume
bianche e leggere,
ebbra di libertà e di gioia...

Tu sei come
quel sogno lieve
che accompagna i miei pensieri
su dorati lidi di serenità
e di pace interiore,
e incanta i miei occhi
accesi di emozione...

ALLA MAMMA

Ti vedo in una vecchia foto
sorridente, serena
con una bimba in braccio
tra trine e ricami;
ti vedo così orgogliosa,
così felice e solare...

Nel tuo sorriso si specchia
il sorriso della vita:
sei così giovane e bella
e quella bimba così piccina,
eppure così ritta nel portamento,
sembra così orgogliosa di te...

....

Ora non sei più con me
– sì, quella bimba tra le tue braccia
di non più di sei mesi ero io –
e ti rivedo in una foto recente
a più di novant'anni,
il viso scolpito dal tempo,
ma sempre sorridente, serena
con i capelli dal riflesso turchino
e mi sembri ancora così bella...

L'amore veste di bellezza i ricordi,
e tutto diviene così importante,
indimenticabile,
degno di essere rivissuto!
E ti guardo ancora commossa
In quella vecchia foto
sorridente, serena,
con una bimba in braccio
tra trine e ricami...

L'INDIFFERENZA

Camminare tra una folla che ha fretta,
che non guarda, non osserva, non sorride:
"No, il tempo non c'è per curarsi degli altri,
per sapere se sono felici o infelici,
soddisfatti o delusi, addolorati o tristi..."

"No, il tempo non c'è": affrettarsi occorre,
non perdere un minuto... Che importa
se qualcuno ci guarda con occhi disperati,
cercando il nostro aiuto... "No, il tempo non c'è",
perché avere complessi di colpa?

Non è più il tempo della tenerezza,
dell'attenzione, del sorriso, della dolcezza:
siamo stranieri tra una folla indifferente,
che anche quando ci guarda non ci vede,
assorta com'è, intenta a inseguire il tempo!

Spazio più non c'è per i rapporti umani,
per l'amicizia, la solidarietà...
E l'uomo moderno è sempre più solo!
Come ritrovare la nostra umanità,
riscoprire la gioia, il desiderio di stare insieme?

Riusciremo a non essere più stranieri tra la folla?

Testimonianze critiche

"...Ogni squarcio naturalistico, come pure ogni palpito del cuore, ogni sogno di felicità, ogni nostalgico rimpianto, ogni anelito di libertà e d'infinito, ogni singolo, personalissimo frammento di vita, investiti liricamente dalla sensibilità etica di un'anima illuminata dalla fidente speranza nel trionfo dei semplici ma eterni valori scritti a lettere indelebili nel cuore di ogni uomo, sono trasfigurati in raggi di sole, in squarci d'azzurro, in balenii di paradiso per tutti e trascritti in pagine di fresca, autentica poesia (da *Lungo il fiume dei pensieri*)."

Manrico Testi

"Autrice di notevole spessore culturale, capace di coniugare l'esperienza della prosa all'espressione lirica con percorsi autonomi ma sempre con un'altissima tensione estetica, Edda Ghilardi Vincenti ci propone testi di sapiente costruzione, dove l'incontro tra il pensiero filosofico e la poesia avviene al centro di una stessa conoscenza, che nell'allegoria del trascorrere del tempo ci mostra i segni e i simboli di "una vita in continuo divenire". Itinerari e passaggi nei luoghi della mente e dei sentimenti , verso quella "sensazione sublime" che non è nei beni materiali ma in ognuno di noi, nel "magico equilibrio dell'anima (da *I pensieri del cuore*)."

Renato Chiari

Antonino Grillo

COS'È LA POESIA

Modo altissimo divino
di leggere e cantare il mondo
e quel "ch'e' ditta dentro"
per impulso
della mente e del cuore
in felice sinergia

Questo è
a parer mio
la poesia

Di fantastici prodigi
creatrice
è prodigio incredibile
essa stessa

Da esseri mortali
anzi caduchi
generata
conferisce eternità
ed eterna dura

DONNA

Dolceaggressivo volto
e vellutato
da iridescente coppia di smeraldi
illuminato

Rotonde belle forme
armoniose
dalle leggiadre perigliose vette
di palpitanti coni
elettrizzate

Compasso che conquista
nell'andare
dosando al meglio
scatto e compostezza
e gioia tormentosa fa provare
a chi il bello del creato sa vedere

EUTANASIA DI UN AMORE

A stagione opportuna
da tempo trascorsa
improvviso a sorpresa
era nato
un amore

Era infertile l'humus
ma esso cresceva

Tra gioie e dolori
comunque cresceva

Quale fiore di bosco
stranamente più forte
di quanti assiste tepore di serre
coi suoi colorati profumi
dava *verve* alla vita

Rifulsero davvero
(pur tra torme di cure)
giorni radiosi

Fulsere quondam

Prevalse pian piano
la ragione
e negò al cuore il diritto
di ri-scaldarsi

Dosi massive prescrisse
di buonsenso
e non immotivati suscitò
rimorsi

E ad inesorabile
dolce morte

condannò quel fiore tardivo
ancora in boccio

RESIDENCE 41

Cento arnie illuminate
ed una senza vita:
inutile alveare!

Una luce, un bel volto
ed un sorriso
tra tanti loculi disabitati:
una reggia radiosa!

LA MELA NON RACCOLTA

A raccolta compiuta
sulla cima dell'albero
altissima
restava una mela

Tra il verde delle foglie
rosseggiava
vistosa

Tutti i passanti
ne erano attratti
ma troppo arduo
a loro
appariva
raggiungerla

Poi un giorno la scorse
per caso
un forestiero
e più di tutti rimase
abbagliato

Tante volte in seguito
tornò a guardarla
di giorno e di notte

Bella era sempre
sotto i raggi del sole

e all'incerta luce della luna

Audace coglitore
giammai egli osò
improvvisarsi

Si accontentava del piacere
di ammirarla da lontano
e solo coltivava una speranza
vederla un giorno staccarsi
dal suo ondeggiante trono
e finalmente finirgli
almeno per un po'
tra le protese braccia

OBLIO

È stato

Ed era bello

Venne poi la notte
e il buio invase il cuore

Sperai nell'alba
che le mie tenebre dissolvesse
con il suo chiarore

Puntuale essa giunse
ed il giorno riportò
pieno di luce

Fitta restò per me la notte
e forte e perdurante
avvertii il dolore

Una cosa allora
mi fu chiara

Troppo presto
ciò ch'è bello
soccombe all'oblio

TESTIMONIANZE CRITICHE

"A true follower of Giovanni Pascoli, he has written several Latin poems in a variety of classical verses, which he has, for the most part, published in *Effinzioni* (Foggia: Bastogi, 1998). Nor has he ignored the vernacular muse, having published a collection of Italian poems, from which the following is drawn, accompanied by my English translation. Prof. Grillo has also recently completed a collection of poems in Latin, Italian and the Calabrian vernacular, bearing the suggestive title of *Tria corda*.

Prof. Grillo is a scholar steeped in the great literature of the past and a bright star in today's poetic firmament (*Antonino Grillo's Poetry*, in "Il Ponte Italo-Americano", Gennaio-Febbraio 2002)."

Ennio Rao (Univ. of No. Carolina, USA)

"L'apprendistato lungo di Grillo sulla mirabile poesia greca e latina, la consuetudine metrica come controcanto delle sue emozioni ed impressioni, sono una testimonianza nella scrittura la cui gestazione, alla fine, è garanzia di una nascita inattesa e perciò capace di dare gioia e dolore a chi scrive, in una parola fargli sentire la vita come respiro della propria anima (dalla Prefazione a *Tria Corda*)."

Maria Grazia Lenisa

"Nutrimento classico e tensione filologica sostengono il lavoro poetico (prodotto nel chiuso delle proprie pieghe sentimentali) di Antonino Grillo. Le sue *Effinzioni* (Il Capricorno) ci restituiscono modo e natura del verso, partendo da quella ampiezza visiva, che il mondo latino destina alla visibilità del cuore femminile, alle trame esistenziali, attraverso le colloquiali visioni nate dalla gioia e dalla pena del vivere, in quel 'tour della vita', insomma, così vivido e così ammaliante. [...] Allora tra 'carmina' ed 'epigrammi' [...] il dettato delle sue 'figurazioni' si apre nell'imbuto di una mediterraneità solare, aprica, vestita del mito e adombrata da una aerea pellicola parnassiana. Il segno di una commistione tra smalto classico e suggello postmoderno consegna così ad Antonino Grillo, filologo e profondo studioso della lingua latina, la cifra della continua dedizione al linguaggio, il gusto di comunicare la genesi del proprio pensiero analitico (*Antonino Grillo, Il gusto del comunicare*, in "EM" Febbraio 2001)."

Aldo Gerbino

Rosanna Gulino

IL VECCHIO DEI GABBIANI

Il vecchio dei gabbiani
non c'è più
e questi,
dalle sue mani,
non hanno più sardine;
adagiati
sulle scogliere,
sembrano piangere
intorno
ad un sito vuoto,
dove una barca
senza remi
dondola
in balia delle onde.
Il vecchio dei gabbiani,
che, ogni mattina
accomodava le reti,
non c'è più
ed ha portato
con sé
la sua saggezza,
i suoi ricordi
illuminati
da aurore rosate
e da tramonti di fuoco.
Il vecchio dei gabbiani
se n'è andato,
lasciando ai bambini
il suo ricordo
o, forse, invisibile,
è ancora là
a respirare
l'odore del mare
e a sussurrare
parole nel vento?

IN QUESTO CANTO

I ciclamini
nei boschi
fanno corona
alle grandi querce
ed arpe, invisibili
tra le foglie,
emettono
armonie soavi:
ascolto in esse
poemi d'infinito
e mi sento
in questo canto
far parte
dell'universo.

SERE D'AUTUNNO

Sere d'autunno,
dagli occhi pieni
di malinconia,
avete un fascino
soave
nei tramonti
chiazzati
da nuvole scure,
quando lentamente
tutto tace
e l'uomo stanco
anela il riposo.
Allora i pensieri
si distendono
nella quiete
di inviolati silenzi
e ritornano in mente
i volti
delle persone andate.

FILI SPEZZATI

Ovunque vi sono
fili spezzati
da riannodare,

lacrime
da asciugare,
ma raramente
si tende una mano
per aiutare
o dare un consiglio
a chi sta
per sbagliare.
Poveri d'amore
ci ripieghiamo
su noi stessi,
diventando
pigri ed avari.

COME LE API

Spesso,
come le api,
raccogliamo
nettare odoroso,
ma all'improvviso,
per infausto caso,
le nostre ampolle
si svuotano
e crediamo
che il cielo
si rabbui
e che il mondo
ci crolli addosso.

I GIORNI VOLANO

I giorni volano
e mi portano
verso l'eternità,
dove altri
mi attendono.
Intanto la luce,
allontana
le mie paure
e il disgregarsi
delle cose
non mi tormenta:
so e credo

che l'Autore
dell'universo
non abbandona
le sue creature
e che all'uomo
e agli elementi
darà un volto
nuovo.

AURORA FELICE

Aurora felice,
che scacci le ombre
e restituisci
forma e colore
alle cose,
nel tuo sorriso
c'è un che di divino,
che cancella
ogni segreta angoscia.
Quando ti vedo
sorgere
e da laggiù irradiare
i miei colli,
mi si scioglie il cuore
e, insieme agli
uccelli del mattino,
canto le lodi
al Creatore.
Allora lacrime
di gioia
si mescolano
alla rugiada,
che brilla sull'erba
e attingo l'energia,
per vivere il giorno.

SONO RITORNATI

Sono ritornati
i greggi sui monti
a brucare l'erba
e le acque nei canali
cantano,

insieme ai pastori,
le bucoliche
canzoni,
che allietavano
i padri.
Il vento tace,
il sole non morde,
l'azzurro si stende,
come una tenda di seta,
sotto cui sembra
regnare la pace.

AURORA FELICE

Aurora felice,
che scacci le ombre
e restituisci
forma e colore
alle cose,
nel tuo sorriso
c'è un che di divino,
che cancella
ogni segreta angoscia.
Quando ti vedo
sorgere
e da laggiù irradiare
i miei colli,
mi si scioglie il cuore
e, insieme agli
uccelli del mattino,
canto le lodi
al Creatore.
Allora lacrime
di gioia
si mescolano
alla rugiada,
che brilla sull'erba
e attingo l'energia,
per vivere il giorno.

Tullio Iannotti

QUANDO SI SPEGNERÀ IL SOLE

Quando si spegnerà il sole,
questo grano di cosmo,
sperduto e privo
delle vertigini
della giostra stellare,
aurore non avrà,
né più tramonti.
Quando si spegnerà il sole,
sarà breve
del vagar nostro,
senza più speranze,
l'angosciato sgomento.
Ché il gelo chiuderà,
ad uno a uno,
nel lavello dei ghiacci
per l'eterno,
i fiori delle siepi
e il cinguettio
gaio dei passeri
e i vagiti
ed il coro dei bimbi
in girotondo.
E pur tra i brividi
delle cose,
ormai cristallo eterno,
nei silenzi della mia notte
senza fine,
della notte del mondo,
solo il cor mio,
testardo,
con cadenza mai fioca,
batterà l'ingannevole tempo
nello spazio che fugge.
Solo il cor mio,
testardo,
bruciante d'anelito,
raccoglierà di notte

ghirlande di stelle.
Per i tuoi capelli.
E ancor di notte
sognerà la luce.
Degli occhi tuoi.
Quando si spegnerà il sole.

RITORNO AL BORGO

Ritorno al tuo silenzio
soffuso di preghiere,
terra mia, sempre più cieca e muta
di lucciole e cicale.
Eppur, malgrado tutto,
grazie!

    Grazie per i deserti
    delle tue campagne,
    sterminati e senza confini,
    distesi a rimirar nell'infinito
    la mestizia quieta
    dell'abbandono.
    Servono a nascondere
    il deserto della mia anima.

Grazie per l'urlo della bora
rabbiosa,
venuta dalla steppa,
che sferza e martella le imposte
col suo ululato di gelo.
Serve a nascondere
il mio lungo lamento.

    E grazie per la pioggia,
    che con umida tempesta
    di stille,
    inonda l'ignudo mio volto
    di pietra.
    Serve a nascondere
    le mie lacrime.

ACQUAZZONE D'AGOSTO

È venuto improvviso, con violenza,
nel precìpite croscio inaspettato,
come qualcosa sospesa e caduta.
Il crepitar di gocce sulle foglie
arse dalla calura estiva, afosa,
il plumbeo cielo nel grigiore scuro,
il vagheggiar convulso delle nubi,
e la furia di baci delle stille
in su la terra anelante di linfa.
Il ciclonico vortice m'è parso,
nel suo fugace ardore abbeverato,
così, come un amor di gioventù.

E come venne, sì improvvisamente
se n'è andato. Ed il sole appare ancora.
Trilli di uccelli. Lacrime sull'erba.
E un ricordo di freschezza nell'aria,
che si dilegua col pallido fumo
del tenue evaporarsi evanescente,
così, come un amor di gioventù.

VECCHIAIA

Vecchiaia,
non è l'onda scura,
rigonfia,
che t'immerge e t'annega
nel suo lago stanco
di tristezze in abbandono.
Non sono i cigolii diffusi
d'ossa arrugginite,
il trascinare lento
di membra esauste,
i passi grevi, incerti,
sul selciato del giardino
che sviene
sotto una coperta di fiori secchi.
Né è il vagar sospeso
dei sensi intorpiditi
nelle nebbie vaganti
del tramonto autunnale,
che s'assopisce
sulle rughe di calce

dei comignoli delle case.

Vecchiaia,
sono invece i mostri
di cemento e di vetro
che, inaspettati e improvvisi,
ti si parano davanti
al posto degli antichi
merletti di pietra
dei balconcini di fata,
all'angolo della viuzza
dei tuoi giochi infantili,
ora scomparsa nelle fauci
di fameliche ruspe,
coi disegni consunti
delle "campane" di gesso.
Sono le grida selvagge
della calca infernale
degli stadi,
per i rumori assurdi
dei megaconcerti
di canzoni e di suoni
che non capisci.
Sono i volti della tua gente
che più non ravvisi
tornando a casa.
Sono i discorsi a te d'attorno
che più non intendi.
È il rabbioso vociare
d'apostoli novelli
che predicano in video
strani sermoni
di cui non cogli il senso.
È la ferocia dei secoli bui
che torna,
col pianto senza fine
dei neonati innocenti
gettati nelle pattumiere
dei cortili.
Ma vecchiaia
sono soprattutto i passi
non più amici del vicolo
e le voci che non riconosci
che da esso salgono
alla tua finestra.
Allora t'accorgi

ch'è venuta la sera.
E che è tempo di dormire.

Testimonianze critiche

"*...Ma la vita cos'è?*" Questa struggente domanda di un personaggio di Flora Vincenti, nel romanzo *Le due signore* finalista al Premio Napoli 1978, fu rivolta d'istinto alla scrittrice da Tullio Iannotti in un incontro al Museo del Sannio, presenti Mario Soldati e Rodolfo Doni. Nella veste ufficiale di Presidente della Provincia di Benevento, egli svelava così l'interrogativo ricorrente del suo universo mentale. Si rintraccia qui il *leit motiv* della poesia di Tullio Iannotti. Dove il tono dominante è la malinconia, un tipo di cultura tranquilla, finemente garbata, un'ansia di ritrovare il tempo perduto mediante costruzioni impressionistiche dal sapore fiabesco..."
Elio Galasso

"...LA MEMORIA. Nodo simbolico, linguistico, culturale ed affettivo nella poesia di Tullio Iannotti. Sedimentata nella malinconia, non lo *spleen* di tutta una letteratura e un modo di vivere, ma una malinconia suadente, riposante, schermo a mascherare le innovazioni, la crudeltà, le recisioni, gli inganni..."
Domenico Rea

"...Difficile descrivere la mia commozione dinnanzi alla poesia di Tullio Iannotti. Un'arte apparentemente spicciola, leggera, che nasconde però una verità dal candore agghiacciante ... I personaggi ch'egli disegna sono soprattutto "vivi", "veri", molto simili a certi tenerissimi descritti da Garcia Lorca. E una visione molto pacata delle cose"
Riccardo Pazzaglia

"...Sarebbe poco dire che nella poesia di Iannotti esiste un filo unico. C'è di più. Vi si riconosce un filone segreto che scava il suo alveo per amore della memoria e tormentosa lusinga dei ricordi ... Una ricerca della parola che rivela l'essenza più intima di una insolita liricità così incisiva ed intensa la quale si trasforma in immagini chiare e trasparenti per magia di poesia..."
Miranda Clementoni

"...Voce che vola alta, questa di Tullio Iannotti, capace di esprimere con autorità morale la vocazione della letteratura a creare, con la parola, un mondo migliore, con toni di convincente concretezza..."
Lia Bronzi

Gesumino Lai

LA NOSTRA FENICE

Fu del bene e del mal la conoscenza
quasi un acquisto (e il prezzo fu la morte,
in quel proibito frutto ancòra in germe,
che d'ogni tomba fu simile al verme,
primo aspetto del mal nella coscienza
e primo indizio dell'umana sorte):

gustò il libero arbitrio il fatal pomo
con già consce papille ed il serpente
diè in pasto al verme della Morte il bene
e, messo in forgia il mal, fece catene
con cui aggiogò al suo plaustro donna ed uomo
che in quel frutto affondarono il lor dente.

Spinosa terra ha sete del sudore
di nostra fronte, eppur ci è ognor nutrice
(ridona spighe il seme a nostra fame);
quando Atropo crudel taglia lo stame,
un nuovo fil di vita torce amore:
la vita è come l'araba fenice...

IL RIPOSO DI SISIFO

Il peso della vita in erta d'anni
(ripida sempre più di tratto in tratto)
sospinge ognuno e gli si ingrossa il fiato
dietro il macigno di dolori e affanni.

Cos'è la vita, se non ha mai pace?
Non c'è mai tregua (si combatte a oltranza);
il possibile illude la speranza;
l'illusione promette, ma è mendace;

l'arcigna realtà deride il sogno;
il desiderio chiede appagamento;
ogni esser tormentato è dal bisogno;

l'istinto è propensione irrazionale;
diviso è tra odio e amore il sentimento;
antagonisti sono il bene e il male...

È la stessa di Sisifo la sorte:
giunto al culmin fatal della salita,
rotola giù il macigno (che è la vita)
nella tenebra eterna della Morte.

Ma il padre di ogni vita non la teme:
in spossatezza sterile non langue;
egli, l'Amor, si insinua in altro sangue,
dà vita a un altro Sisifo in un seme...

Se vita e morte col lor moto alterno
vengono e vanno in questa terra antica,
con esse il tempo va verso l'eterno

dove quel Dio che qui è sempre ascoso
saprà rimunerare ogni fatica
e dar letizia e pace e un buon riposo...

EDEN D'AMORE E DI BELLEZZA

Con virtuale cappio di blandizie
egli la catturò; poi, sciolto il laccio,
caldo elisir centellinò di un bacio
instillandone in cuore le delizie.

L'amor di lui, l'amor di lei gli stessi
or sembrano di un fiore in primavera:
simile ella al pistillo, egli all'antera
uniti in ricettacolo di amplessi.

Ligustri e rose in lei, grazie soffuse
dalla natura, che non ama orpelli
ma bianche perle dietro labbra schiuse

(come rosse bivalve) dal sorriso
e le onde profumate dei capelli,
in cui egli tuffa l'anima ed il viso...

L'EREDE

Sembra la casa un incubo di pietra.
Vi amplifica il silenzio ogni rumore:
sente nel petto i tonfi del suo cuore,
ogni bisbiglio della notte tetra;

il dente della Morte entro sue bare
le sembra il tarlo, in gola di camino
voce di vento oracol sibillino
e squittir la tregenda ode, gufare...

Del defunto l'effige, coi suoi crespi
capelli, un po' canuti, coi mustacchi
da masnadiero, con quegli irti cespi

sopraccigliari, sembra chieder preci
con sguardo torvo: "Guarda - dice - i sacchi
di grano, d'orzo, di fave, di ceci;

lardo e salsicce pendon dalla trave;
evoca e nutre tal ricchezza orgogli
forse di spettri... di mie due mogli..."
Ella con voce tremula prega: "Ave..."

Un gran doppiere presso il baldacchino
d'antico letto, antico odor d'orina;
nel grande armadio odor di naftalina,
di polviglio, di gruma, di chinino...

La tenorile voce antelucana
d'un gallo dal terrore alfin la svele:
fugge, ma nel verzier la melagrana

irrider sembra tutti i suoi spaventi
sul ramo suo ridendo a crepapelle,
spalancando le bucce... ai rossi denti...

GRANELLINI D'INFINITO

Vita e morte presenti in modo alterno
nell'attimo ora vivo ora morente;
solo a immortale spirito si porge
l'infinito (oltre il tempo ognor fuggente),
allo spirito umano, che risorge

ché l'infinito esige un uomo eterno:

or da effimero tempo è limitato,
dal corpo suo soggetto a tutti i mali
e ai limiti da cui ristretto è il luogo;
come un Pegaso è l'uom, però senz'ali,
sottomesso a ogni briglia e ad ogni giogo;
l'esser si compie e presto è ciò che è stato...

Il tempo è un fiume: passa e par perduto,
però lo accoglie il mar di ciò che è stato;
fatto è di gocce uscite da sorgente,
di ogni attimo che fugge appena è nato,
ma il ricordo lo imprime in sé: presente
resta in castone eterno d'assoluto,

simile a anello d'angelo in un dito,
all'aleph matematico che tiene
"multum in parvo" e il molto è il suo valore
espresso un dì dall'attimo del bene
che palpitò all'unisono col cuore.
Attimi: granellini d'infinito...

DALLA SORGENTE ALLA POZZANGHERA

Nel dharma il desiderio è nell'istinto,
che in Pasifae fu pulsion brutale
che il mostro concepì del labirinto
dandogli forma umana e di animale;

di Arianna il filo fu direzionale
(simbol di quel che è in cuor d'amor legame),
teso a un fine preciso - razionale -
oltre la Parca che taglia ogni stame.

Sol forma umana ha l'uom, se è corpo e istinto
con spirito ridotto in schiavitù,
simile a un Minotauro in labirinto
in cui sol strame fa di ogni virtù;

simil l'anima a Arianna pervertita,
con un fil di ragion rotto e bislacco
che da ambagi non libera la vita
ma in esse va con Diòniso, ubriaco:

così, il futuro è cenere e il presente
è fumo. In ogni tempo, in ogni luogo
parve il logos perenne alma sorgente,
che ora in giovani vite ha tenue sfogo,

anzi ristagna, divien lutolenta
come acqua di pozzanghera, in cui affoga
la mente e di essa poi - ogni vita spenta -
evoca una fantasima la droga...

Testimonianze critiche

"È una validissima poesia quella di Gesumino Lai, maestro nell'uso della metrica, delle regole del ritmo che donano ai versi una intensa e gradevolissima musicalità. Lo scrivere è per il nostro pluripremiato autore un motivo di vita; ha una valenza sociale, morale, universale, che rende gioiosi e rafforza lo spirito. Le liriche hanno spesso riferimento a fatti storici, a problemi che caratterizzano il nostro tempo, ma sono anche un'analisi di sentimenti e moti interiori, 'un canto d'amore singolare e ricercato'. Poeta eclettico, si ispira a paesaggi che descrive mirabilmente, amplia il nostro spazio di conoscenza e ci consola con quel 'distillato di sincera e forbita poesia', densa di significati e di luminosi concetti."

Tina Piccolo

"Accompagnato dal dono davvero inconsueto di riuscire a coniugare tradizione e modernità in un unico linguaggio, Gesumino Lai 'pone l'accento sul disagi della civiltà tecnologica che non riesce a dirimere il male che si agita nell'animo umano', come è stato scritto nello spazio a lui dedicato all'interno del secondo volume della *Storia della Letteratura Italiana*. Ed è proprio nel riconoscimento di una cifra stilistica unica e fortemente rappresentativa che le sue poesie hanno conquistato in questi anni sempre più lettori, attirati da una parola intelligentemente lirica e musicale."

Mario Coppi

"Da molto tempo balzano evidenti l'originalità e l'importanza dell'opera di Gesumino Lai, contraddistinta da problematiche di grande rilevanza, da accentuata ispirazione poetica, dall'apertura ad immagini di spiccato lirismo, dalla 'vis' delle idee. Con un linguaggio di notevole spessore contenutistico, strutturato in proposizioni di architettura classica, che rendono solenne la musicalità dei versi, egli comunica la sua filosofia dei valori con eccezionale maestria."

Marco Delpino e *Paolo Riceputi*

Alfredo Lucifero

Da *Ulisse per sempre e altre storie*

ULISSE PER SEMPRE

Immagini divine si formavano, scomparivano; restava la loro memoria, intatta ma mutata dall'elaborazione del pensiero.
Lì, nasceva la vita.
In quella terra lontana dove era finita la sua immagine, cominciava il racconto.
Il mare, come sempre, protagonista impagabile con le sue lunghe ciglia di sangue e di neve. Pesci arancioni restavano sotto i mulini a vento che portavano l'acqua limpida dei pozzi ai greggi di pecore bianche e nere intente a brucare aridi prati gialli e verdi che si perdevano in colline sfumanti di azzurro.
Ora voleva vivere lì, ma per sempre, non per i soli attimi che la vita interiore gli concedeva. Ma per arrivarci quanta strada, quanta acqua aveva dovuto e doveva percorrere, le vele spiegate al vento degli aquiloni. E pensare che da sempre abitava in quel luogo; ma in realtà non c'era mai arrivato. Doveva viaggiare per giungervi perché ora ne rimaneva estraneo, lontano e niente sembrava appartenergli.
Le montagne verdi/azzurre, dietro, si innalzavano giganti fino ad immergersi nel cielo e sparirvi dentro, per superarle sarebbero state necessarie le ali delle aquile che un tempo si vedevano solcare l'aria, altissime a punteggiare di croci le nuvole.
Bisognava andare: indossò la corazza, l'elmo piumato, abbassando la visiera per non farsi riconoscere, nella terra nemica.
Certo, era solo, né sapeva se avesse ancora la forza sufficiente per combattere, per non morire adesso inutilmente, scampato com'era a mille battaglie.

La sua memoria trasfigurava gli attimi in pensieri; solo la memoria del percorso nel futuro avrebbe potuto aiutarlo a ritornare nel luogo incantato dove aveva visto la luce del sole dopo pochi istanti dalla nascita; una luce soffusa, abbagliante, bianca, così diversa dal rosso pulsante dell'utero di sua madre dove aveva vissuto per un tempo immemorabile nuotando e respirando come un pesce dalla branchie avide a trarre l'ossigeno dal liquido marino in cui era immerso.
Là le colline, i profili sinuosi, gli archi rovesciati uno sull'altro quasi

corpi nudi di donne dalla gola alle ascelle, la linea sinuosa dei fianchi, ombre frantumate dai rovi, di pruni selvatici, di biancospini fioriti a primavera, più stancamente, in autunno.

Lasciare la sua isola era stato difficile perché da lì era nato il sogno della sua vita; era stato entusiasta a partire e ora era timoroso a tornare; in sua assenza predoni sconosciuti, guerrieri senza scrupoli avrebbero potuto essere entrati nella sua casa, spalancare porte e finestre, vincere la resistenza dei servi, degli amici e dei suoi cari familiari e averli resi schiavi per sempre.

La schiavitù piace molto a chi la impone, pensava, ma poi spesso le parti si invertono in un giuoco imprevedibile, stressante, deprimente.

Anche l'anima ne è soggetta se pur immortale e per ciò stesso non legata agli umori temporanei degli uomini; è libera infatti solo apparentemente, racchiusa com'è, imprigionata nel corpo mortale, vincolata ai gravi dolori e alle necessità cui questo è costretto. Una pietra levigata chiusa in se stessa; immortale e divina, ma come una serpe striscia tra la terra e le paglie del grano maturo ingiallite dal caldo e dal sole; poi le paglie si disperdono al primo vento e la terra resta, nel suo tempo chiuso, ritornando, rivoltandosi in se stessa come una perla. (…)

L'UOMO CHE VEDEVA TROPPO

La sua vita era trascorsa in maniera semplice e regolare come tutti. Miseria e dolori errori e felicità. Ad un certo punto, quando sembrava giungere il momento per la conclusione, ebbe una svolta sostanziale.

Cominciò a vedere la gente in modo singolare: le persone gli apparivano prive di vestiti in una nudità sconfortante, ma la visione non finiva lì, correva più avanti nel tempo immaginandole nel loro futuro di cumuli di ossa polverose e silenti.

Vedeva le donne con le misere nudità più o meno traballanti, e le pensava quando erano state in bagno a farsi belle, anche in posizioni oscene. I volti incupiti e incerti, le labbra esangui negli specchi riflettenti all'infinito le loro immagini. Con gli uomini ancora peggiori le orribili cose che mostravano. In tale situazione gli era difficile corrispondere con chiunque e avere uno scambio di idee; non riusciva a mantenersi serio osservando i corpi sottili o grassi o provocanti o repellenti e poi proiettandoli nel futuro, spiava nei volti i tratti degli scheletri che sarebbero divenuti.

La stessa impressione la subiva guardando alla tv i film vecchi con attori famosi scomparsi da tempo: i loro amori senza fine o le loro risate e le battute spiritose divenivano oscuri ghigni e i teneri baci, uno stridio di denti e ossa più o meno pietrificate e sbiancate dal tempo.

In quei momenti veramente viveva una danza macabra che gli causava orrore e sgomento.

Tra l'altro non riusciva più a fare all'amore: vedeva sotto o sopra di sé a seconda delle posizioni opportunamente scelte, uno scheletro ansimante da incompiuto tremore.

Le belle ragazze dai capelli bruni biondi o rossi sciolti al vento lo facevano ancora impazzire per la carica sessuale che emanavano, immediatamente perduta quando i vestiti scomparivano e allora restavano nude con gli occhi brillanti nel nulla, poi le immaginava intente prima di incontrarlo, a varie necessità fisiche e varie abluzioni preparatorie.

Sul loro corpo risaltavano al centro i piccoli cespugli di vari colori, il seno, le gambe, le natiche. Non poteva prendere sul serio nessuno in questa situazione di vedute complete.

I pensieri e le parole venivano schiacciati dalle oscenità dei corpi che avevano addosso le loro future posizioni ossee: avevano un bel esporre argomenti e discussioni interessanti e persino sublimi senza però riuscire a far dimenticare la miserevole provenienza. Anche l'amore che ogni tanto lo colpiva violentemente non superava l'intrinseca bruttura dei corpi scarniti osservati freddamente nelle loro posizioni più intime.

L'unica possibilità di uscire da questo stato di cose, era la ricerca dell'oscurità: in penombra tutto cambiava: la nudità tornava eccitante, misteriosa e desiderabile ed anche lo scheletro restava invisibile.

Così per non essere soffocato e umiliato dai corpi nudi che gli passavano accanto e gli parlavano, aveva cominciato ad uscire di notte come gli animali selvatici, che di giorno temono l'uomo: di gente ce n'era poca, la luce dei lampioni creava fantastiche ombre e ognuno appariva immerso in quell'oscuro liquido che finalmente copriva le nudità e così le parole potevano riprendere la loro funzione di alleviare la solitudine incrociandosi con le sue nell'aria soffice dell'ombra, riscaldando il suo cuore smarrito.

Da *Un'altra vita*

UN'ALTRA VITA

Quanta vita
nascosta nel pensiero
sfiorata dall'anima
che vorrebbe uscire
e visitare un altro corpo,

cercare la vita nascosta
e farla propria.

VERITÀ

La verità
è una lanterna che
va verso il cielo

per mentire,

la verità
è un sogno
che fai da sveglio
la verità si cambia
e muta la pelle
ed il colore
di camaleonte

verità pellegrina
esce la sera
e muore la mattina,
la verità è coperta
da un velo nero
intorno alle labbra
e si nasconde nelle parole

come una perla
nella conchiglia
che l'ha creata.

VITE PARALLELE

La tua vita ha un senso assoluto
impenetrabile
qui cuociono pietra e cuore
con un impasto impalpabile

una sorte che non è mia
stringe le tempie
con una fascia azzurra
che asciuga il sudore
sceso dalla fronte
come sangue lucente.

SCULTURE

Le mani creano forme figure
il cervello crea l'illusione, l'amore
dandogli una forma, un volto
un sentimento, un ricordo
che può mutare e riferirsi

ad un'immagine o
ad un'altra.

TESTIMONIANZE CRITICHE

"...Sono spesso composizioni (*Un'altra vita*) brevi, scheletriche, concedono appena il tempo di riflettere, ma il loro contenuto è di ampio respiro.
Sono state scritte in mezzo al chiasso della vita, tra fiumi di parole spesso inutili che servono solo a coprire le incertezze, il disagio interiore nell'affrontare gli altri.
Le parole, il dialogo, sono importanti solo se ci arricchiscono, se trasmettono delle verità, se manifestano idee che aiutano a percorrere meglio il cammino della nostra esistenza. Le poesie di Lucifero sono così: vengono incontro ai desideri di tutti coloro che cercano.
Bisogna affidarci alle persone che credono in noi perché solo la loro comprensione ci offre la possibilità di ritrovarci.
Parlando troppo e a sproposito dimentichiamo di dare peso al fruscio delle piccole cose, ai desideri di chi vorrebbe ascoltare proposte più umane, più sensate. Il poeta, in questo caso, parla poco, lascia che sia il cuore a dettare l'essenziale.
Dice un proverbio arabo che ogni parola, prima di essere pronunciata, dovrebbe passare da tre porte. Sull'arco della prima porta dovrebbe esserci la scritta: *È vera?*. Sulla seconda campeggiare la domanda: *È necessaria?*. Sulla terza essere scolpita l'ultima richiesta: *È gentile?*..."

Romano Battaglia

"...Con *Ulisse per sempre*, quindi, si attua un processo rigenerante, operato dalla scrittura di Alfredo Lucifero, in continua rivoluzione entro di sé e da sé, secondo una linea di realizzazione diacronica, che è sfida ad una percorribilità della vita, dove l'esplorazione topologica è costantemente orientata nella luce dell'utopia, nel culmine dell'inventività creativa che trova il proprio apice nel racconto "L'uomo che vedeva troppo", dove tutto è filtrato da un impianto espressivo semplice e scorrevole, quanto raffinato ed elegante che è proprio della toscanità dell'Autore e della sua natura, che ben sa riportare la parola, considerata nella specificità etimologica, alla sua valenza primordiale, pur collocata nella contemporaneità, in forza di una progettualità partecipe del tempo presente."

"...*Un'altra vita*, quasi ad indicare uno stato in cui si delinea un passaggio da una ad un'altra condizione, ci sembra andare verso una più sentita astrazione intesa a tracciare un alogico distacco dai fatti della vita, anche se è ancora l'amore il punto di fuga che diparte e s'allarga a ventaglio sulle varie tematiche, nella loro logica e organica consistenza. (...)"

Lia Bronzi

Franco Maria Maggi

GESÙ

La mia poesia non interessa agli amici ancor meno ai nemici.
Non è un grosso problema. Non desidero l'illuminazione ma nemmeno l'afflizione. Gesù non lo trascuro mai. Lo scongiuro spesso di non mandare la mia vita tutta in merda. Non so nemmeno se lui riesce a riconoscermi immerso fino al collo in tutta questa melma. Per lui io sono come un capezzolo su un monte tondo. Non riesco ad immaginare Gesù che mi sorride senza un immane sforzo dei muscoli facciali. Forse solo succhiando una mammella Gesù riuscirebbe ad arrivare fino a me. In una incomparabile intimità mi renderebbe un uomo abbastanza felice. Sempre però con quel chiodo fisso della poesia.

SCRIVO PICCOLE COSE

Scrivo piccole cose. Mi vergogno non poco a dirlo. Se faccio qualche haiku non lo confesso a nessuno. Stanotte ho sognato di essere un monaco. Vivevo in una grotta e passavo il giorno a pregare senza mai ottenere una risposta. Mi sono risvegliato con un magone che non vi dico. Spesso mi domando: "ma che ci faccio di tutta questa roba che posseggo? quando creperò mica me la posso portare nell'aldilà". Ho un orologio d'oro, un Vetta degli anni Sessanta che mi ha lasciato mio padre. Lo tengo sempre imprigionato al polso, giorno e notte. E non dimentico mai di dargli la corda. Ma non ho mai capito perché lo faccio. Forse è come prendere una medicina contro il mal di pancia. O scordare di soffrire anche quel minimo indispensabile per sopravvivere. Quindi non so se mi sono già suicidato o sono ancora vivo. Però continuo imperterrito a scrivere piccole cose.

LA MIA DEVOZIONE

Tienimi stretto, strettissimo al tuo completino che fa uggiolare anche i cani a mezzanotte. Non farmi scoppiare in faccia i tuoi deliziosi palloncini. Io dipendo tutto dai tuoi occhi e dalle tue labbra. Sono la tua sentinella e il tuo porto sicuro. Vieni, andiamo insieme nella Via Lattea dove vivono monaci fragili come pagliuzze. Vieni con me, parleremo del diavolo e di tutti quei buchi neri che inghiottono le nostre parole e i nostri pensieri. Attorno ai tuoi fianchi ruota il mio viso come a cercare quel tuo luogo riposto dove annusare il tuo profumo. Tu non sai che la mia devozione per te ha una sola alternativa: la Morte.

Bolzano, 8 giugno 2008

IL CUORE DI UNA DONNA

Un po' di dolcezza non può bastare a far crescere nel cuore di una donna un amore febbrile. Non basta nemmeno un bouquet di rose rosse profumate di passione. Ci vuole altro. Forse molto clamore o molto dolore. Forse tanta indecente tenerezza. Il cuore di una donna non oserei mai descriverlo a nessuno. Nemmeno toccarlo col pensiero in un'alba tremante di rugiada. Il cuore di una donna assomiglia molto al vigore delle foglie verdi d'estate. Spazia i firmamenti. Può essere sottile come uno spillo. Ma anche potente e vorticoso come un'onda. Riposa sul suo seno. Pende spesso come uno stupendo gioiello e senza che tu te ne avveda ti incatena per sempre al suo destino.

Merano (Bolzano), Pavillons des fleurs, 20 giugno 2007

LO SCRITTORE

Non aveva nessuna voglia di scrivere. Ma una terribile compulsione lo costringeva a farlo. Per stare bene era obbligato a farlo. C'era in gioco la sua vita. La sua sopravvivenza o meglio quei pochi anni che ancora gli restavano da vivere. Era, comunque, da molti anni che scriveva. Aveva incominciato in giovane età. A quattordici anni, rammenta ancora di aver scritto una specie di poesia che suonava pressappoco così: "La fontana del sangue/ zampilla lieta/. Sembra quasi sorridere/. Un sorriso di sangue che ricorda la Morte./ Ma sangue vuol dire anche felicità e vita..."

Non sapeva nemmeno lui cosa avessero voluto significare quelle parole. Ricorda d'averle composte di getto, come investito da una sorta di delirio, in un momento di estrema solitudine e disperazione.

Ora, a settant'anni, solo e preda continua della depressione, a distanza di tanto tempo aveva ancora quell'unico viatico, lo scrivere, al quale col trascorrere degli anni si era aggiunto anche, ma più raramente, il disegnare o il dipingere (soltanto su fogli già usati o cartoncini destinati ad essere buttati via). Lo scrivere al pari di una trasfusione di sangue lo teneva in vita impedendogli di mettere in esecuzione qualche tragico e insano gesto.

Gilberto Morriconi, così si chiamava il nostro scrittore, viveva a Fiesole in una sontuosa villa immersa in un grande parco ricco di lussureggiante vegetazione e di rari alberi d'alto fusto. Da una vasta terrazza rettangolare durante le calde notti d'estate poteva scorgere Firenze in tutta la sua sfolgorante bellezza. La sera, la città riverberava mille luci su di lui che se ne stava pensoso e affaticato sulla chaise-longue a contemplare l'immenso firmamento stellato. Le costanti di tutta la sua vita erano state sempre ed in modo ossessivo, l'eros e la morte. In tutta la sua vita non convisse mai con una donna e neppure conobbe il profondo sentimento dell'amore. Gilberto Morriconi era ancora un uomo passabile. Abbastanza alto, aveva ciuffi di capelli neri su una testa grigia. Il fisico, nonostante l'età, era decisamente atletico. In passato aveva praticato diversi sport dal maneggio all'alpinismo. Non era mancato il nuoto che era stata la sua vera passione. Ancora adesso, quando se la sentiva, si accontentava di fare qualche bracciata nella piscina coperta della sua villa. A suo tempo era stato un bell'uomo, ricercato dalle donne, sia per il fascino che emanava, ma soprattutto per le ricchezze di cui disponeva.

In tutta la sua vita non aveva mai svolto un lavoro specifico al di fuori di quello dello scrittore. Aveva pubblicato una cinquantina di libri: romanzi, raccolte di poesia e saggi. Ma denaro, in diritti di autore, ne aveva ricavato ben poco. Gli unici guadagni li aveva fatti collaborando alle pagine letterarie di alcuni quotidiani. A lui andava bene così. D'altronde non scriveva per i soldi ma perché c'erano quegli stimoli oscuri, c'era quel bisogno irrefrenabile al quale non poteva sottrarsi. Periodicamente s'incontrava con i suoi amministratori, per lo più dirigenti di banca, avvocati e notai. E in questo era piuttosto meticoloso e addirittura pignolo. Teneva sotto controllo anche il pur minimo dettaglio. E non gli scappavano neanche i centesimi.

In quanto al suo eros, gli piaceva sovente paragonarsi a Georges Simenon, non per i contenuti delle sue opere perché non c'era proprio nessuna affinità tra lui e lo scrittore belga, ma per il modo di condurre la sua vita. Tutti sapevano, ma tutti fingevano di non vedere. Le processioni di donne alla sua villa, nonostante la sua età ormai avanzata erano ancora piuttosto frenetiche. Si trattava per lo più di giovani donne, prostitute da strada, squillo, entraineuses o strane amiche. La loro permanenza in villa era sempre molto breve, al massimo qualche ora. C'era però un particolare che ai più non era passato inosservato. Le donne erano sempre in coppia, mai una sola o più di due. I gusti di natura sessuale di Gilberto Morriconi erano abbastanza eloquenti. Qualche pettegolezzo invero c'era stato. Quando si ha servitù, c'è sempre il giardiniere, la cameriera o la cuoca che riescono a far trapelare qualcosa. C'era però da considerare che nell'ala della villa, con entrata riservata solo a lui, dove era localizzata la sua alcova, nessuno della servitù poteva metterci piede senza una sua autorizzazione. Però gli occhi spesso vedono anche là dove non possono arrivare le gambe. E così saltò fuori che Morriconi aveva un sacco di vizi. Uno di questi era il suo voyeurismo. Gli piaceva insomma guardare mentre due donne imitavano l'atto sessuale. Il più delle volte lui stesso interveniva in prima persona nel duetto. Altre volte si accontentava a contemplare quelle scene altamente erotiche. E spesso faceva intervenire anche il suo cocker spaniel Gully sapientemente addestrato in quelle audaci tresche. Ma si sparse anche la voce che lo scrittore amava far inginocchiare singolarmente queste sue donne su una preziosa Savonarola per poi spesso sodomizzarle. Sembra che questa fosse una delle sue passioni più ghiotte. Fin qui niente di strano visto che sono abitudini sessuali abbastanza comuni in certi ambienti altolocati o nella suburra delle metropoli.

In effetti però c'era ben un fatto strano. Una cameriera aveva riferito che Gilberto Morriconi riusciva ad eccitarsi o a raggiungere il massimo del piacere soltanto quando le sue visitatrici recitavano le sue poesie o brani di qualche suo romanzo inedito. Egli, allora, ascoltava le fanciulle denudate, col seno ornato di mazzi di rose o di garofani. Dapprima come estasiato poi come seguendo un climax mentre le donne erano intente a declamare con foga, Morriconi, aumentando il suo ardire, fingeva di possederle procurandosi un orgasmo totale.

Saranno state anche inclinazioni un po' depravate ma in fondo Morriconi non recava danno a nessuno. La sua vita a settant'anni era orientata in questo modo. I suoi denari li spendeva a scrivere libri e ad ascoltare le donne a leggerli. Non aveva altri vizi. Non beveva (soltanto lo champagne nelle grandi occasioni) e non fumava. Non aveva fatto un viaggio in vita sua. Sì, s'era spostato in Italia, nel suo appartamento di Cortina d'Ampezzo d'inverno e un paio di settimane all'anno nella sua villa sulla Costa Smeralda in Sardegna, ma mai in nessun altro luogo. All'estero neanche parlarne. Non sopportava né volare né viaggiare per mare. Nessuna amicizia, soltanto tante conoscenze. Era per lo più gente che lo cercava per proporgli affari strampalati o per chiedergli soldi in prestito. Insomma tutte persone morbosamente interessate al suo ingente patrimonio. L'unico parente ancora al mondo, un nipote, figlio di una sua sorella morta da molti anni, era deceduto in un incidente stradale mentre si trovava sulla costa Brava.

A settant'anni non aveva più nessuno su cui contare. Nessuno che lo amasse. Ma era lui che aveva voluto così. Era sempre lui che si era tagliato la vita così. Non aveva voluto sposarsi. L'artefice del suo destino era stato lui, sempre lui, solo lui. Non poteva incolpare nessun altro all'infuori di se stesso. Ora, ironia della sorte, alla sua morte chi avrebbe ereditato le sue enormi ricchezze?

Era una idea fissa che lo tormentava e che veniva ad aggiungersi alla terribile depressione che fin dalla lontana adolescenza gli era stata spietata compagna.

Un giorno si decise. Fece testamento. Si ricordò dei domestici in discreta misura. Pensò al suo cocker Gully, ancora sano e abbastanza giovane, assicurandogli una vecchiaia più che decorosa. E poi chi c'era? Nessuno, il vuoto più assoluto. Di malavoglia lasciò qualcosa ai preti ma restava ancora un favoloso patrimonio. A chi lo avrebbe lasciato? Pensa e ripensa finalmente gli venne una idea luminosa. Decise di spedire i suoi libri, quelli che amava di più, a cento persone prese a caso sugli elenchi telefonici di tutte le città d'Italia. Quelli che gli avessero risposto elogiando la sua opera avrebbero beneficiato di tutto il suo patrimonio diviso in parti uguali. Detto e fatto. Fece mandare i suoi libri a cento persone diverse. Poi attese. Passarono i giorni, le settimane, i mesi, poi finalmente gli arrivò una lettera di uno dei cento. La lettera diceva: "I suoi libri fanno schifo. Lei non è uno scrittore ma un grafomane, un imbrattacarte, un pornografo. Si vergogni a mandare in giro tutta questa immondizia. Si vergogni anche l'editore che gliel'ha pubblicata. Io che scrivo da molti anni, molto meglio di lei, non ho trovato un cane di editore che mi pubblicasse..." E avanti ancora su questo tono con nuovi improperi e insulti vari. E fu questa l'unica lettera che Gilberto Morriconi ricevette. Per settimane meditò su questo fatto chiedendosene una ragione. Poi si rinchiuse in casa. Non volle più vedere nessuno. Si lasciò lentamente morire, facendosi travolgere dalla noia e dall'apatia. Si seppe in seguito che sul testamento Morriconi fece aggiungere le seguenti parole: "Lascio tutti i miei beni in denaro e in immobili all'API". Sigla che tradotta significa: Associazione prostitute italiane.

TESTIMONIANZE CRITICHE

"...nella poesia di Franco Maria Maggi vi è il gusto del paradosso, dell'immagine come rottura delle convenzioni comunicative, la ricerca di qualcosa di nuovo e insieme abnorme..."
Silvano Demarchi

"...Poesia dell'essenzialità, dove la ripresa anaforica non è mai tautologia, il fonosimbolismo mai esercizio sterilmente autocompiaciuto..."
Eugen Galasso

"...Franco Maria Maggi è fra i poeti altoatesini, il più ungarettiano, nel senso che le sue liriche, desunte da varie raccolte, si richiamano nella trascrizione formale dei singoli temi e nell'uso di versi brevi e intensi al poeta dell'*Allegria* e di *Sentimento del tempo*..."
Bruno Maier

"Franco Maria Maggi ha scritto un'opera di alta caratura psicologica con uno spaccato del nostro tempo precario e turbinoso; ed il libro avvince proprio per una costruzione che si avvale pure di una sorta di autobiografismo convincente e accattivante..."
Luigi Pumpo

"Il libro (Parusìa) è su un tono alto di contenuti, però Maggi riesce ad essere totalmente valido anche quando tocca con maestria e completezza il mondo fisico con passione d'amore sincero e coglie l'infinito del mare, o rievoca il padre morto..."
Rosa Berti Sabbieti

"...ogni sua poesia è una pillola di concentrato poetico-filosofico di alto significato lirico espressivo, scritta con un linguaggio che assume le tonalità più svariate della poetica contemporanea..."
Brandisio Andolfi

Rita Marinò Campo

LUNA E LE NOTE DEL *"SILENZIO"*

L'autunno era già inoltrato, i colori arrossati delle foglie cadute lungo i viali, i rami ingialliti dal vento e dai primi freddi, segnavano la malinconia di questa stagione. Le ombre della sera incominciavano a calare e ad avvolgere con pudore i sentimenti di chi era in attesa di qualcuno... che non sarebbe più tornato. Sopra una mensola la fiammella tremolante di una lampada in una nicchia a modello di edicola, stagliava nel luccichio dei piccoli bagliori, l'ombra di un crocifisso. Mani pietose di una madre lo avevano situato lì a proteggere i figli partiti un giorno per terre lontane. Quanti sogni aveva fatto Lorenzo nella stanza accanto, dove spesso con la sua chitarra s'accompagnava a melodie dolcissime, con la mente e col cuore traboccante di aneliti verso i paesi del mondo lacerati dalle guerre. Terre bagnate di *sangue fratricida* per conflitti di odio, di dominio, di esaltazione e fanatismo politico; conflitti di cui era convinto che non se ne dovevano verificare, e lì dove erano sorti bisognava adoperarsi per spegnerli subito. Marco, il fratello maggiore, spesso lo prendeva in giro bonariamente, per questo suo slancio samaritano di voler partire per il mondo a fermare la mano assassina. Era solito sentenziare: "gente niente più paura abbiamo lo stratega che ci salverà dalle guerre". Ma Lorenzo non se la prendeva più di tanto. Egli sapeva bene che suo fratello la pensava allo stesso modo; e poi i suoi ventun'anni erano per lui una forza irresistibile a garanzia dei "sogni". Questo lo aveva sempre nutrito in cuor suo, nonostante i telegiornali annunziassero quotidianamente morti, sciagure, conflitti, stragi, attentati, su cento fronti per cause ingiuste di uomini esaltati, fanatici con smanie deliranti. Ormai si faceva tanto un gran parlare, da capi di stato ai politici, a strateghi militari, su una "santa" e "benedetta" guerra senza fine in Medio Oriente. Aveva avvertito nell'animo quel grido, di *sangue fratricida*. Era l'antico grido *"Crucifigge"* che ancora caldo ritornava sull'eco del mondo, dove c'era anche lui. Così proprio seguendo le orme del fratello era riuscito anche a laurearsi. Mamma Luna avrebbe preferito che i figli fossero rimasti ad esercitare la loro professione nella città, invece poi si era rassegnata alla loro scelta, pur col magone nel cuore. A motivo di tutte le tragedie ripetutesi senza tregua, delle quali i mass-media riportavano ampie notizie corredate da immagini, a dir poco, atroci. Anche suo marito Gabriele era stato molto attaccato alla carriera militare, per la quale aveva perso la vita in un conflitto a fuoco, per una rapina in banca dove era intervenuto con la sua squadra speciale. Comunque la sua preoccupazione era più per

Lorenzo, più focoso e intraprendente, sempre con mille progetti per la testa e una sfrenata voglia di realizzarli a tutti i costi e nemmeno la sua ragazza era riuscita a calmarlo. Lorenzo con Azzurra avevano accarezzato mille sogni: una casa grande in campagna con un giardino immenso e tanti figli. "Ne voglio tanti", diceva, "primo perché amo i bambini, poi per farne degli uomini di pace ed anche una squadra di calcio, magari della Roma". Ne era un accanito e gran tifoso. "Questo sarà il mio progetto più ambizioso", andava proclamando ai quattro venti. Sperava tanto di riuscirci, con l'aiuto del buon Dio cui spesso si appellava. Quando Marco era tornato dalla Bosnia dove era stato col contingente italiano, lo ammirò moltissimo per essersi distinto in alcune operazioni a rischio. E sotto sotto, si era sentito privato di qualcosa, a cui avrebbe desiderato prendere parte, ma non si era perso d'animo contando su una prossima occasione, e già accarezzava l'idea che questa sarebbe arrivata al più presto. Mamma Luna, osservava, e ascoltava in silenzio, voleva a tutti e due un bene dell'anima e non voleva intromettersi. Era consapevole che i figli non le appartenevano più come da piccoli, erano figli di Dio e della vita. In fondo era anche orgogliosa e fiera di loro, così pieni di voglia di vivere e di fare, da non aver proprio niente di che lamentarsi. Intanto era andata col pensiero indietro nel tempo, concludendo che nulla era cambiato. Era il secolo in cui la morte aveva assunto forme di legalità sociale, per giustificare i più orrendi crimini contro l'umanità. Un secolo dove mille giochi di potere potevano continuamente mettere a repentaglio la vita di molti esseri umani. Una realtà feroce, tragica, crudele, atroce, con scenari come la Bosnia, dove si era verificato un genocidio in diretta nella cornice europea, una carneficina in quell'inferno chiamato Sarajevo. E proprio nella civilissima Europa i signori del male avevano spadroneggiato, scannando, massacrando, terrorizzando, sotto gli occhi del mondo: dall'Afghanistan al Perù, dalla Turchia al Sudafrica, dalla Somalia all'ex Jugoslavia, dall'India al Pakistan. Uno scenario lugubre, funereo dove fra i tanti che si avvicendavano, personaggi come Artan e Seseby, Maladic e Boban, Aidia e Khumbsa, Terre Blanche e Massud, Hekmatyare e Giezman e così via, l'avevano fatta da padroni. Sul pianeta terra la morte aveva dichiarato guerra alla vita, lungo una strada puntellata di croci, dove ognuna ricordava un orrore. Andava così riflettendo che tutto, come sempre, continuava a regalare lacrime, lutti e dolore. L'attentato alle due torri gemelle a New York e le conseguenze tragiche a ritmo incessante, attestavano l'evidenza dei fatti e così via. Per questo mamma Luna era sconvolta, ma non poteva farci niente, il corso della storia era più grande del cuore di una piccola madre. Poi era arrivato il giorno, quello della partenza di Lorenzo e Luca per una terra bagnata di sangue, in una missione di pace per tutelare quella gente dal volto spento senza più lacrime per piangere, senza più voglia di vivere perché avevano perso anche questo con i pochi averi e persino un posto dove finire i loro giorni. Per sostenere quelle processioni di crocifissi, morti già vivi e viceversa. Questa la destinazione della loro missione di pace e aiuti umanitari. L'abbraccio con mamma Luna era stato lungo e appassionato, e all'orecchio aveva sussurrato "voglio che tu sia fiera di me, è una promessa". Lei lo aveva stretto con tutte le poche forze che aveva, ed avrebbe voluto cullarselo sul seno come quando era piccolino che s'addormentava tra le sue braccia. Ma era cosciente di non poterlo fare più perché la vita l'aveva ormai già sottratto al suo seno materno. Azzurra aveva sentito il cuore lacerarsi, separarsi da Lorenzo era chiedere troppo, eppure aveva dovuto cedere proprio per amore. Lorenzo aveva rassicurato entrambe con mille promesse, sentirsi ogni giorno, scriversi, che poi in fondo doveva essere solo un breve periodo. Mamma Luna aveva segnato sul datario del cuore l'ora della partenza, e si era raccomandata a Luca di prendersi cura del fratello, di calmare per quello che poteva, quella irrefrenabile disponibilità a proporsi per azioni a rischio. Luca l'aveva amorevolmente guardata, e per tutta risposta commosso l'aveva stretta al suo petto vigoroso, assicurandola che in cielo "qualcuno" avrebbe vegliato su di loro. Da quando era venuto a mancare suo padre, la mamma non era più la stessa, e pur sforzandosi di non far trapelare alcun dolore, la sua fragilità e le sue sofferenze ne avevano segnato il volto e il fisico, perciò erano molto evidenti e palesi. I primi giorni erano apparsi lunghissimi e pesanti. Trascorsi i primi mesi era poi subentrata l'ansia di un probabile ritorno, e così avevano iniziato a fare "il conto alla rovescia". Nella terra della loro missione gli animi di estremisti rivoluzionari fomentatori di tragedie di morte, erano irrequieti e in fermento, nell'aria aleggiavano umori sospetti. Tutte queste notizie avevano stretto in una morsa il cuore di Luna, Luca aveva cercato di rassicurare, informandola che avevano fatto anche molte amicizie, tra le quali una famiglia alla quale portavano spesso ciò che potevano, viveri e qualche giocattolo per la più piccolina che era un vero angelo, rinunziando anche a qualche loro razione. Poi i giorni si erano susseguiti tra ansie, batticuore e speranze, in attesa del ritorno a casa, perciò si erano messi a fare preparativi e organizzare una bella festa. Ma proprio qualche giorno prima, giunge una funesta notizia: un attentato alla loro base, con i nomi dei colpiti, tra i quali quello di Lorenzo e Luca. Ore laceranti di spasimi e occhi di fontane senza più domande. Non un grido non una parola, Luna era rimasta pietrificata, l'urlo del *"Crucifigge"* ancora caldo aveva risuonato nel cuore. I giorni che seguirono, solo il silenzio aveva avuto la voce della loro tragedia. Nella stanza di Lorenzo la chitarra non suonava più sul divano, Luna con una stretta al cuore l'aveva accarezzata e poi si era accompagnata ad un'aria che le era sempre piaciuta *"Amore ritorna..."*. Il delirio della violenza era davanti ai suoi occhi, tutto aveva di colpo perso senso. Succede, quando restano solo le lenzuola a sudario e un guanciale a diario, nelle notti in cui le mani a tentoni cercavano di asciugare lacrime senza più stagioni. Quando nelle pupille non c'era più la brezza di ieri e il fuoco di dentro cavalcava sfere che raccontavano una storia di delirio. Sì, il delirio della violenza aveva tuonato a ripercussione, sul mondo, aveva perforato cuori, visceri e cervelli; l'unghiata assassina aveva ancora crocifisso gl'innocenti, rubando l'urgenza del sorriso ai suoi figli. Così nel silenzio che cantava il mistero della Croce, una liturgia scavata sulla carne aveva reciso le vene partorendo agonie a cielo aperto sul golgota dei giorni. E la notte si era fatta "intima" al dolore, come la messa all'ulivo, come l'ulivo era intimo alle cinque piaghe di Cristo. Alla fine della celebrazione del rito funebre, un tricolore e le "note del Silenzio" avevano accompagnato Luca e Lorenzo all'ultima dimora. Note di un "Silenzio" che erano scolate con le lacrime nel cuore dove sarebbero rimaste per sempre. Ora in un piccolo cimitero di periferia due croci bianche sotto un cielo azzurro restano a testimonianza di chi aveva creduto fortemente in una missione di pace sino a dare la vita. Una brezza leggera nell'aria umida di scirocco continuava discreta ad entrare nella stanza, mentre mamma Luna si accompagnava con la chitarra al motivo "Amore ritorna...". Questo era stato il grido dell'anima che aveva urlato: "Ma questo Dio che ascolta il grido delle madri e dei figli della tribolazione ditemi dov'è?... Ora sapeva che era lì dove la ferita diventa calda come una preghiera, dove l'offesa e l'ingiustizia avevano fatto a brandelli i seni delle madri, dove aveva colpito la mano insanguinata fratricida, lì a spartire le lacrime con i bambini abbandonati, lì dove i corpi erano stati flagellati, crivellati dal delirio della violenza. *Così molte madri tornano vergini al sepolcro, mentre le clessidre si riempiono di sangue, fianco a fianco alla vita.*

TESTIMONIANZE CRITICHE

"...Non a caso l'illustre prefatore critico rivendica il ritorno del senso e del messaggio della poesia che si affaccia, dopo il consumo di un secolo di frantumazione della parola. La sigla minuscola 'g.l.' non consente di identificare l'estensore della nota, ma l'apprezziamo e la citiamo con rispetto.

Giorgio Linguagrossa evidenzia *'l'aura di pace e ritrovata serenità che spira'* dalla tua poesia, cara amica Rita, ed io *'brucio con te tra le orme del silenzio'* e chiudo con i saluti la missiva."

Giovanni Amodio

"...Sono rimasto senza parole, conoscendo il valore di una donna che ha consumato una vita intera dietro i libri e il volontariato, soprattutto per la forza d'animo ed il coraggio nei confronti del dolore che da decenni non l'ha mai abbandonata. ...la certezza nel Dio dei cristiani incute in lei un amore tanto di identificarsi con l'altro, amore inteso come sinergia tra l'amato e l'amante, l'essere e il dover essere, l'io ed il tuo. È un amore allo stato di tensione teleologica ...grande magma vulcanico che riscatta l'uomo dallo scoglio delle sue miserie e lo conduce all'approdo dei cieli ...pagine evangeliche ed agiografiche. ...È una prosa soffusa di lirismo, tutta essenzialità, tutta sostenuta da una vis non evocativa, ma dall'anima anelante al riscatto, protesa verso spazi diafani e luminescenti... La Campo è con l'essere umano, non nella sua solitudine cosmica, non nella noia dell'esistenza, non nel grigiore piatto della vita, ma nell'uomo come apostolo di bene e di carità, di trascendenza, vista la finitudine di questo mondo.

...In fondo è lo stesso fuoco che bruciava nel cuore di Jacopone da Todi,

San Bernardino, Caterina da Siena, nei Padri della Chiesa e nei martiri del proto cristianesimo.

...Certo, questo è un libro che dovremmo leggere un po' tutti e non solo, ma comportarci nella vita come lei suggerisce. Sappiamo che è difficile rispettare il primo comandamento evangelico: ama il prossimo tuo come te stesso. ...Il libro della Campo rigenera e esalta la vita, il male stesso è visto come strumento di salvezza, un ritorno alle radici auree dell'esistenza. Non si tratta di panismo e cosmopolitismo astratto, ma di un costante richiamo dell'uomo alle sorgenti della vita.

...La pagina è densa di messaggi ed ogni parola è suggestiva, evocativa di emozioni e stati d'animo di carattere speculativo ed escatologico. La dimensione dell'essere è sublimata nella trascendenza, nelle sacralità della fede sicché la vita umana non è per niente un'avventura come quelle di Ulisse o le leggende delle 'Mille e una notte': tutto il cammino è orientato alla bellezza dell'anima, al candore dello spirito, alla redenzione dell'uomo, al riscatto contro ogni tentativo di fatuità e luogo di lupanare."

Giovanni Parisi

Rosalba Masone Beltrame

Da *Quando ti dissi...*

MOMENTO PRIMO

Le religioni:
le infinite forme del bello che ci rapisce
dell'amore che ci conquista
dell'armonia che asseconda
il bisogno della pace interiore
Le forme
Della propria spiritualità

Tante le religioni
Quante sono le anime
Che
- in quanto create
corpo e pensiero -
si sono ritrovate
- nella infinità dei millenni -
a rapportarsi
con il proprio essere/esistere
con le proprie diversificate fragilità
e l'immensità strabiliante
della Natura
qui sulla terra
e lassù
nel firmamento stordente
incontenibile
inesauribile fonte
di messaggi inspiegabili
di stupefacenti spettacoli
e spaventosi momenti
di ira e saette

I primi inevitabili interrogativi:
Quale il rapporto?
Chi ha dato la vita a ogni forma?
Con quale scopo?

Chi tutto governa?

Chi a noi la nostra esistenza?
In quale momento?
Perché?

E si fanno strada sentimenti
che oltrepassano
il limite del singolo
la comprensione del gruppo
Una voglia di duraturo
per ognuno che muore
Si accende la scintilla
dell'Oltre:
quell'aspirazione a conoscere
a toccare
a cercare
a combattere
le sofferenze
i pericoli
gli orrori
da fare arrossare le pietre
non il cuore di chi li commette
Perché accadono?

La preistoria è là
a testimoniare
il lento inevitabile avvicinarsi dell'Uomo
a ciò che - seppure fuggente -
è inudibilmente presente
arrecando incertezza dubbi
inquietudini
ricerca
di chi possa veramente fornire
una chiave definitiva
di rassicurante lettura

Vani i tentativi
di strappare   al silenzio   l'enigma
sempre più complicato
a mano a mano che qualcuno azzarda
liberatorie risposte
secondo la propria sensibilità
a cominciare
da sé:

chi furono coloro che vissero prima?
Da quante generazioni?
Quale il primo essere?
Sconosciuti
che pure sentivano parlare
dentro le proprie angosce
a conforto
di una solitudine muta
Prepotente il bisogno
di consegnare qualcosa di sé
alle generazioni future
in una catena infinita
umana e insieme 'divina'

La Storia comincia:
la propria maturità
nella tradizione del proprio modo
di vivere   di pensare
di rispondere al meglio
alle infinite
emergenti dai propri consapevoli battiti

Come sedare
la comune universale aspirazione
a vivere nel calore di una armonia universale
sintesi perfetta di tutti i contrari?

Chi aveva ALZATO lo sguardo
alla maestà della volta celeste
ora voleva
- ardentemente voleva -
quel qualcosa
di imprendibile e immenso
di cui sentiva la forza prorompente
ovunque spirare

Voleva ... l'Amore

Le religioni: le forme infinite
per arrivare all'amore infinito
che tutto e tutti comprende
Le risposte
all'umana universale aspirazione
di essere accolti
di essere amati:
un tutt'uno con Tutto

MOMENTO SECONDO

Mi hai preso la mano
mentre la macchina andava
e noi volavamo

Volavamo
sempre più in alto
leggeri e trasognati

Le ali d'argento
sempre più immense
a raggiungere il cielo
a toccare l'eternità

Ettore Mingolla

SINFONIA DEL VENTO

La brezza che giunge sottile
Imitando il canto del mare
Fa tremare il tenero ramo
Che mostra le sue gemme al cielo
Pregando l'aria di schiudere
Le porte del sole e ridare
La luce all'oscuro silenzio.
Le corde che vibrano rare
Risentono ancora dell'onda
Che infrange di luna argentata
Coi sogni d'amore che intanto
Invitanti come le stelle
Cullano i segreti sospiri
Che leggeri vanno felici.
Più volte si sente la voce
Che annuncia le fasi del tempo
E l'eco rimane in ascolto
Ansimando l'ora che muove
I giovani pensieri spesso
Portatori di sogni e azzurri
Richiami di cose lontane...

TUTTO È L'AMORE

L'amore è ardente desiderio
L'amore è divina armonia
L'amore è sublime incoscienza.
L'amore è infinito bisogno
Di libertà quando s'invola
Verso lidi lontani dove
La luna riscopre i sentieri
Segreti abbarbicati al buio.
L'amore si compiace sempre
Di possedere un corpo vero
Che ricorda i suoi lunghi giorni
Con un sospiro di dolore.

Si perde il tempo della vita
Quando il sole lascia alla sera
I suoi fantasmi illuminanti
E il fuoco sacro risuscita
Gli scoperti e vani deliri.
Non v'è tramonto che rispecchi
La voglia di vedere il mare
E carezzarne la bellezza
Mentre le stelle incontrastate
Guidano l'estasi del sogno.
L'oasi di pace è ragione
Per il disperato naufrago
Che spesso muore d'incertezza
In attesa del nuovo giorno.

LAMPI D'AZZURRO

Osare sempre senza fermarsi mai...
È tortuoso il cammino della vita
Per chi non sa vedere la bellezza
E svegliarsi ancora nel nuovo giorno.
La bufera lascia sempre nell'aria
Miti d'arcobaleno e si disperde
L'ansia del vento dietro le nuvole
Che a tratti scoprono lampi d'azzurro.
Sereno il pensiero limita il passo
Della ragione inseguendo la luce
Che sbianca cime superbe e copiose
Immagini riflesse di cristallo.
Stracciate le vesti resta la gloria
A rinverdire movenze distratte
Mentre il silenzio affoga nel mistero
E si compiace d'invaghirne l'ora.
Il respiro a volte distratto sembra
Ignorare ogni timido risveglio
Ma non s'arresta la forza selvaggia
Che sprigiona la voglia di vivere.
Superbo è il canto del gallo che svela
I segreti dell'alba nel continuo
Alternarsi di nuvole protese
A rendere vano ogni atto d'amore.
È rovinoso il tempo della sera;
Ma non s'accorge il seme della vita
Del buio che avanza e si nutre spesso
Di pace e di sangue del suo calvario.

CANTO DI UN EMIGRANTE

Dolcissima terra mia abbandonata e persa
Immagine sbiadita d'un sereno tramonto
Contornato di luci e nuvole di speranza
Com'è diversa l'aria che si respira fuori
Dalla tua calda sera portatrice d'amore
Nel sorriso del cuore che non accetta inganni.
Non chiedo a questa vita di frenare il suo corso
Che sottende ogni forma d'impossibile sorte
Nell'immanente scopo di vivere il presente:
Tanto è dolce il tuo nome quanto il mio desiderio
Di ringraziarti e avere riconoscenza e lode
Per la natura ricca di sole e di profumi.
Quando il pensiero triste s'invola tra le sfere
Incantate del giorno vedo superbe vele
E apparíscenti nuove stagioni all'orizzonte.
Scopro torri e castelli che narrano la storia
E guidano il cammino di chi si perde invano
Nell'ombra dei ricordi trascurando il bisogno.
Tutto è permesso allorquando il destino è sì forte
E gela l'illusione d'aver fatto nascere
Programmi di mistero e volti senza riserbo.
E bello poter scegliere la strada più nota
Per ritornare al monte gridando la vittoria
E vivere di pace sognando tra le stelle...
Lo spazio che attraversa la notte illuminata
Unisce col pensiero tutte le vie del cielo
E sfida l'orizzonte del canto universale.
Laggiù oltre l'aurora al riparo dei diversi
Traguardi di grandezza c'è il sogno accarezzato
D'essere figlio del tempo e dell'amara terra.

I VINTI

L'umanità immolata per la storia
L'arroganza che diventa sterminio
Il pensiero vittima senza scampo.
Persa la partita non resta il tempo
Di ricercare formule e pensieri
Che infiammano la mente già distolta
Dall'incalzante strage e dalla morte.
Dove sei spento spirito d'amore
Dov'è la tua forza e l'invitante appello
Che resta sempre vuoto e senza nome?

La croce ha già segnato i suoi misteri
E giunge lenta la marcia ancestrale
Del popolo che avanza disperato
Alla ricerca del sogno vagante
Che trasfigura ombre di cristallo.
Trema e s'innalza tra nubi di fumo
L'ultima bandiera della speranza
E appare bianca la strana coppia
Che sfiora muta il vento della notte...

SOLTANTO UNA COLLINA

È rimasta soltanto una collina
Dove l'estate si commuove al canto
Di mille voli e spighe profumate
E l'erba d'oro si distende al sole:
Un lento passare dei giorni vaghi
Nella speranza di capire il vento.
Posa in silenzio la sua ombra verde
L'eterno rifiorire degli ulivi
Che annunciano l'incanto della sera
E tutta l'aria si veste d'argento:
Mentre si attende che il tramonto rosso
Spinga le nuvole verso l'aurora.
Di tanto in tanto fiumi di freschezza
Scendono dai vicoli ciechi quasi
Danzando in cerca dell'estremo verso
Che roboante attraversa le strade
E si distende verso la campagna
Ebbra di caldi e fulgidi pensieri.
L'aria è deserta e dai rami sottili
S'alza leggero un sospiro d'amore
Che rinnovella favole di sogno:
Un caldo abbraccio alla rinata luce
E alla vita che avanza a passi lenti
Vincendo il buio e l'ansia della notte.

TESTIMONIANZE CRITICHE

"Nella poetica di Mingolla c'è un costante desiderio di dolcezza e l'aria di casa, avvertita dall'autore in maniera completamente diversa dalla poetica di Gozzano, solleva l'uomo in un groviglio di pensieri e lo pone in comunicazione con un destino senza fine."

Sergio Albesano

"È Mingolla un poeta che 'murata l'ambizione' si fa interprete dei silenzi che non odiano più per il fragore dell'inutile, delle inquietudini che, soffocate, ci soffocano; con uno stile da cui sono banditi sterili ermetismi, rimandi palesi o occulti, elucubrazioni cervellotiche; uno stile che spazia dal verso lungo, a quello breve, a quello conciso, lapidario."

Graziella Granà

"Di Ettore Mingolla è sempre piaciuta la discorsività della sua pagina lirica riscontrata nei volumi *Dimensione umana* e *Aria di casa*. Dovunque emerge un esempio di poesia riflessiva, di sofferte illusioni, di sereni abbandoni, di tragici fantasmi, di amori segreti, di angosce, sostenuta da un lessico sempre efficace, limpido ed essenziale."

Luigi Pumpo

"C'è nella poesia di Mingolla come un antico sapore che aleggia da una lirica all'altra un'eco che giunge da lontananze abissali e tuttavia riesce a farsi voce dei nostri tempi, presenza di un'attualità che dà il senso vero e ultimo dell'uomo."

Dante Maffia

"Tutto nella poesia di Mingolla lascia pensare ad un tono di realtà 'oltre la soglia'.

Situazioni difficili di percorso che non lasciano dubbi sulle ferite di una condizione d'inconfondibile sofferenza che trova un riscatto nella stupenda avventura umana dell'amore.

Trovo la sua pagina lirica intrisa di una vena moralistico-sociale che va ben oltre il tono di una condizione intellettualistico culturale, per assurgere ad una elevazione sul piano della concretezza letteraria, che cerca di diventare un dialogo tra l'autore ed il mondo sui temi che affliggono la società."

Ninni Di Stefano Busà

"La poesia di Mingolla è naturalistica, in certi casi addirittura idillica. Mi fa pensare al Pascoli. E al fanciullo pascoliano rimanda anche la contemplazione stupita dell'universo e dei suoi misteri."

Antonio Catalfamo

"Nei versi di Ettore Mingolla dietro le immagini di aedo ispirato che si collegano in riflessioni sulla vita e sulla morte, su vaticini e attese, in visioni e squarci di bellezze naturali, vi è una 'durezza', una tenacia di concezione, una volontà di lotta che informa di sé tutta l'ispirazione e la vena copiosa di una poesia compatta, emblema di coesione morale e mentale."

Enrica Di Giorgi Lombardo

Rosetta Mor

Da *Dove si perde il vento*

BREVITÀ

Questa stessa esistenza che mi duole
e rotola con me, con i miei anni
verso boscaglie ignote,
questa stessa esistenza che stupisce
per ogni tocco o palpito di luce
è un cumulo di fiori accatastati,
di fiori colorati
pronti per la carezza delle api.

Questa stessa esistenza che mi preme
e che mi stringo al collo come un manto
è un soffio d'ali, un volo di farfalla
lieve nel tempo,
è l'ombra di una foglia che sussulta
- mano nel vento -
un geranio che brucia sotto il sole
- brace di ceppo
in un camino ardente -.

Da *Inno d'amore e di speranza*

SERA D'ESTATE

Mite il tuo profilo che si staglia
contro l'azzurro cupo, sonnolento
della sera d'estate e contro flussi
e brulichii di onde vaporose
nel tramestio di reti accanto al molo.

Sospesa è l'aria, tacciono i clamori,
s'accende qua e là qualche lampara
nel dondolio lento in lontananza.
Tutto si stinge, brulicano luci
per dare spazio ai guizzi della notte.

Ritorniamo pian piano noi due soli
nella spira salina che ci copre
e ci avvolge le spalle. Ritorniamo
e il silenzio ci unisce e ci accompagna.
Già profonda è la notte e più c'incanta.

Da *Desideri scavati*

PASSERI IN CANTO

Anticipiamo l'alba.

Siamo i cembali arcani
della luce che incalza,
i teneri violini
che intonano l'assolo
dell'umile armonia,
in scansioni battenti
che sfilano nell'aria
stupefatta, tra i giunchi
flessuosi, tra i narcisi
bianchi e appartati
e sui prati inzuppati
da un'immota frescura.

Siamo i tamburi
levati nella brezza,
i madrigali
arguti del mattino,
barriere coralline
tra la notte che sfuma
e i riflessi di specchio,
dispersi e sminuzzati,
della luce che irrompe.

Fateci entrare,
incauti e passeggeri,
tra le braccia del mondo.

Vinceremo le tenebre.

PERSEIDI

M'aspettavo meteore d'agosto,
sciami di filamenti tra le scie

d'un cielo oscuro e tenero,
ai bordi della notte.

Nessuna stella appare,
nessuna stella scivola
su lastre d'infinito a regger sogni.

Ed io, col naso in su, vorrei la grazia
d'innocenti percorsi luminosi
in frantumi di spazi e di secondi,
per correr da qualcuno e riferire
la mia gioia di nulla.

Da *Radici*

POZZI D'EMOZIONE

Avverto ancora il ritmo del martello
sull'incudine liscia, luccicante
come pirite al sole, nell'effluvio
dei ferri incandescenti come stelle.

Di tonfo in tonfo, il battito forgiava
forme su forme: lenti scivolavano,
con acidulo fumo, giù nell'acqua
a friggere e a imbrunire quei miracoli
che ornavano poi ville e porticati
di riccioli battuti dal sudore.
Erano gesti dal respiro ampio,
gesti solenni e cauti, tramandati
da padre in figlio, sciolti in orizzonti.

Ora sono negletti, frettolosi,
distanti dagli sguardi di nidiate
i lavori dei padri, quasi ignoti.
Non c'è tempo per dire o raccontare
ai propri figli l'arte esercitata:
si corre con l'affanno, d'ora in ora,
su respiri di vita assiderati,
mentre s'affossa il pozzo di emozioni
e in soliloqui sordi, nella nebbia
che le strade consuma, si depenna,
come zavorra, la memoria antica.

SORTILEGI D'ALBA

Dentro i confini d'una stanza buia
il tuo respiro vivo, appassionato.

Chiudo gli occhi e ne colgo
il modulo pacato, l'alternarsi
sottile e vigoroso dentro ritmi
calati a garantire tenerezza
nella quiete ancestrale che ci avvolge.

Fuori la pioggia canta
la sua malinconia
lontana, suggellata
da un cielo affaticato, senza echi.
Fuori la pioggia batte solitaria
i sentieri dell'aria
in una danza fredda, distaccata.

Ma il sentire un respiro e il percepirlo
di minuto in minuto sulla pelle
è tremore di vita, è sinergia
di sentimenti occulti,
è un'esistenza che ti scopri accanto
e, dopo tanto, si rivela intatta
d'orizzonti e di mete: sensazioni
ancor più intense se le avverti affini
a sortilegi d'alba, sulla rotta
di questa notte che imprigiona il tempo.

RESTA LA VITA

Al piccolo Filippo

Tu sei germinazione d'esistenza,
giorno di luce, notte e pulsazione,
estate di sussurri, inverno aperto
a trasparenze nude. Quando ridi,
s'affollano in cascate le emozioni
e come volo scivola il respiro.

Dipani dalle labbra di rugiada
i primi vocalizzi - accenti incerti -
e l'aria scoppia d'echi, di riverberi,
di fragranze rubate a gemme e a bocci
che hanno colto la luce dell'aurora,

appagata da voci vagabonde.

Dentro il cuore s'annulla ogni potere
di spazio e tempo, di distanza o argine
a contenere ombre dilatate:
ti riscopri presente, quanto l'attimo
che si ferma nel tempo e non si cura
dell'odissea dell'uomo sulla terra.

Resta la vita, resta solo il gioco
dell'anima celata nei tuoi occhi.

Testimonianze critiche

"Novità tecniche ed espressive di indubbia caratura poetica, siglate da pagine che modulano i più diversi stili, fra modernità e recupero rielaborato della tradizione (...). R. Mor punta sulla potente evocazione di scene di paesaggio trasfigurante (...). Trasparente, il dettato sembra registrare quelle emozioni che più latitano (...)."

Giuseppe Amoroso

"I versi di Rosetta Mor danno appagamento a chi li legge, gli trasmettono la piacevole sensazione di riconoscersi nelle parole e nei pensieri di chi ha scritto. E sono anche la testimonianza, sul piano letterario, di un livello qualitativo alto, fresco e di solido spessore artistico (...)."

Pasquale Matrone

"La sua è poesia intessuta di ricordi e di nostalgia (...). Si respira un'atmosfera dolce e suggestiva (...). Non si creda tuttavia che questa diffusa serenità comporti un atteggiamento acquiescente e rassegnato, tutt'altro: la Mor intende anzi lanciare un chiaro importante messaggio. Le memorie, ella vuol dirci, vanno difese da ogni contaminazione e vanno custodite gelosamente per essere tramandate, così pure e preziose, alle generazioni future come arra d'amore (...)."

Silvio Ramat

"L'autrice ha reso, con suggestione poetica, il misterioso dono reciproco che è l'amore. Dona chi accoglie 'a braccia aperte' il fratello nella sofferenza e insieme dona chi 'muto si aggrappa al sole d'ogni giorno', alla ricerca del calore essenziale della vita (...)."

Silvio Raffo

Franca Olivo Fusco

Da *Ascolto interiore*

FIORISCE LA VITA

Fiorisce la vita
per chi ha occhi
che scorgono
anche piccole gemme
non solo, d'autunno,
foglie cadute.
Per chi riesce a sentire
il profumo di timide viole,
ad ascoltare il canto
degli uccelli distinto
dai rumori del mondo.
Per gli altri,
non torna primavera,
non germina il seme
nei cuori aridi
neanche se cadono
mille lacrime innocenti.

PRECARIETÀ

Sento che niente
di questo mondo
è mio.
Dopo di me
passerà ad altri.
Diritto di godimento,
non possesso.
Amo le cose
di un amore che conserva
il raziocinio,
come se già
mi accingessi a perderle.

Da *Ho cucito parole*

IL GIARDINO DELL'ETÀ MATURA

Ha il profumo
delle rose antiche
il giardino
dell'età matura.
Pergolati ombrosi
danno riparo
ad occhi stanchi,
a corpi scottati
da soli cocenti.
Spontaneo il prato
ora che le mani
non affondano più
a strappare
radici infestanti.
Non si semina
nel giardino
dell'età matura
eppure fiori nascono
dal vento.
Prodigio della natura.
Il cuore ritorna fanciullo.

COMMEDIA PER DUE

E verrà il giorno
dell'ultima replica
– a nostra insaputa –
e sarà uguale agli altri.
Stesso scenario,
i soliti costumi,
dialogo collaudato da anni.
Battute improvvisate...
abbiamo sempre odiato
la monotonia.
Calato il sipario,
per la prima volta
qualcuno applaudirà
(ho sempre odiato
gli applausi ai funerali).
Alla commedia non seguirà
un monologo.

Non ce l'ho in repertorio.
Tu? Nemmeno.
Sarà un addio alla scena.

Da *Tre donne*

IL VALZER DELLE FOGLIE

Nel salotto
della natura
si aprono le danze.
Un solo cavaliere
per tante belle dame
vestite di verde
a sfumature gialle.
Aspettano impazienti
come fanciulle
al primo distacco
dalla madre.
Volteggiano inebriate
in un giro di valzer,
un secondo
altri ancora
finché sfinite
– le vesti ormai sciupate –
finiscono in disparte.
Tornerà il vento
e sceglierà altre dame.

MARE

Ti sfioro,
sento un brivido.
Sei freddo!
Mi seduci
ma non riesco
ad amarti.
Come potrei,
se ti temo.
Non ti conosco
a fondo.
Non sto nemmeno
a galla!
Ti guardo,

come si guarda
un quadro
o il verdazzurro
d'un bel paio
d'occhi
o i muscoli
d'un corpo
ben fatto.
Non sarà mai
amore.
È il nostro
un rapporto
troppo
superficiale.

Da *Di tanto in tanto*, Edizioni del Leone

LA POESIA

Non tutti
amano
la poesia
forse perché
non amano
emozioni
di seconda mano.
Eppure vedo
tanta gente
ai mercatini
scegliere
abiti usati.

GLI INVISIBILI

Era morto da mesi...
Gli invisibili
diventano
visibili
quando
non sono più
riconoscibili.
Fetore
liquame
larve.

TESTAMENTO BIOLOGICO

Mio padre morì
due giorni prima
della data ufficiale,
dopo aver fumato
l'ultima sigaretta.
Io morrò
quando la mia
– o un'altra – mano
porterà il cibo
per l'ultima volta
alla mia bocca.

Antonello Palieri

Da *Lettere dalla Metropoli*[1]

IL DIO DELL'ALTRO

In un villaggio ai confini di Israele viveva un palestinese che nulla al mondo più temeva del popolo vicino, tanto che aveva arredato la propria camera da letto come un piccolo tempio ebraico, imparando anche i riti e i canti della religione degli altri. Ai confini della Palestina viveva un ebreo che aveva arredato la propria stanza da letto come un tempio islamico per essere pronto a ricevere i guerrieri più esaltati del popolo vicino.

Un giorno il popolo d'Israele superò i fragili confini e invase il primo villaggio del popolo vicino, reo di aver ferito gravemente un gruppo di gendarmi. Lo stesso accadde nel primo villaggio ebraico.

Gli ebrei trovarono in preghiera, in un piccolo tempio identico al loro tempio, un palestinese povero e indifeso. I Palestinesi fecero la medesima scoperta nel villaggio ebraico.

Gli uni e gli altri furono turbati, ma sospettando l'inganno, portarono il nemico che pregava il loro Dio di fronte al sommo sacerdote.

In Israele, come in Palestina, il sommo sacerdote, dopo aver meditato in un silenzio solenne, ebbe un sussulto e un moto d'indignazione e poi, rivolto ai propri fedeli, disse: "Fratelli, come sperate di raggiungere la felice dimora di Dio, flagellando un nemico che per timore di essere ucciso ha rinnegato il proprio Dio e prega quello del nemico? In nome di Dio è così estremo il terrore che abbiamo seminato nell'animo del nostro vicino? E chi può garantire che pregando il nostro Dio, il nemico non si sia convertito alla nostra religione e non sia finalmente uno dei nostri?"

Il falso ebreo ed il falso palestinese furono rilasciati e riaccompagnati alle loro case, dove, appena giunti, scoppiarono in singhiozzi e caddero in preghiera ringraziando il Dio del nemico.

Ma nel cuore del sommo sacerdote ebraico e del sommo sacerdote palestinese rimase una profonda inquietudine.

L'uno e l'altro s'inginocchiarono di fronte all'immagine invisibile dell'Onnipotente chiedendo perdono, in nome del popolo. Quando il perdono giunse, attraverso la rivelazione di un comune evento della natura, l'uno e l'altro si resero conto di pregare un unico Dio, e furono vinti dalla commozione.

Si narra che da quelle remote lacrime germogliasse la pace.

(Già pubblicato sul *Bullettin* del Circolo Vegetariano di Calcata, edizione 1998)

FELICI PER CASO E LE ZIE BABILONESI IRROMPONO NEL RICORDO DELLO YEMEN

Come curatore delle grandi mostre per una nota agenzia di stampa[2] sto per partire per lo Yemen. Sono felice: ancora una volta devo occuparmi, direttamente ed ufficialmente, della cultura, dell'architettura e dell'arte di un popolo, quello Yemenita, e non di petrolio e accordi economici. Tra i libri al seguito vi è anche *Felici per caso*: storia di una famiglia eccentrica che ha avuto la fortuna di abitare nella casa d'origine del campione del mondo, Prima Carnera, e che potrebbe attraversare altre storie potenzialmente meravigliose se la narratrice non sacrificasse la sua straordinaria bravura letteraria al culto del capofamiglia, figura eccentrica quanto modesta, trascurando inoltre le affascinanti *zie babilonesi*[3] che si aggirano indisturbate attorno lei, affacciandosi da cassapanche in ombra o dalla cima delle altane.

Comincio ad essere stufo dei *lead* sintetici, intelligenti, onnicomprensivi. Alla Vittorio Zucconi. Basta. Voglio raccontarti[4] come e perché non ho ancora recensito *Felici per caso* di Marilia Righetti (Essedue edizioni, 1999) inviatomi all'AdnKronos – oltre un secolo fa (leggi soltanto sette anni fa, prima del mio pensionamento) da una signora perbene, colta, generosa e paziente. Ma senza nome.

Che dire di questo libro di Marilia Righetti? Ne ho sempre rinviato la lettura per colpa dei folletti che me lo nascondevano, ma forse soprattutto per la sua terribile normalità. Io ho bisogno di cose forti che mettano a repentaglio quella quiete della ragione che cerca di occultare l'asse portante della vita: paura, commozione, perdono, speranza, illuminazioni. Almeno una volta al giorno. La normalità per me è una malattia dei sentimenti, mi sconvolge. Di fronte alle persone normali m'impappino. Cerco con loro d'essere normale sino alla banalità. Passo per sciocco o complessato. Persino per bonaccione e servile, sino a quando non esplode tutto il mio ben celato disprezzo per le persone normali. Paura e desiderio di normalità, direbbe uno psicologo. Oppure mania di grandezza. Ma io ritengo che la vera prosopopea sia delle persone modeste che indossano abiti evangelici soltanto per dare terribili stangate sulle reni dei generosi, degli impavidi, dei creativi, appena li scoprono distratti.

Andiamo per ordine. Provo a recensire il libro: è scritto con la straordinaria capacità dell'uso della lingua italiana di chi è nato a Torino (dove, i bambini di sette anni parlano meglio di un filosofo cinquantacinquenne del Sud). L'autrice, per giunta, si è laureata a Padova. Anche se Padova non è Venezia – dove Marco Polo importò (o reimportò?) parlate orientali, simili a mormorii d'arpa – vi si parla una lingua italiana medioalta. Credo che Marilia Righetti viva a Verona o a Milano-Verona dove la cultura irrompe sotto i gradini di casa. Il massimo.

Righetti in *Felici per caso* sfrutta a pieno questa grande capacità di scrittura, grazie anche al suo acume giornalistico e al suo grande potenziale divulgativo – e sarebbe in grado di concepire una delle più belle storie del Nord-Est o un vero capolavoro extra-territoriale. Ma invece racconta la storia di gente comune per immagini con brillanti flash letterari sui suoi parenti reali o immaginari, o forse presi in prestito dai vicini di casa. Strani parenti – che ai delinquenti non perdonano le parolacce e possono invece sorvolare sulle sparatorie – sono degli eccentrici e, si sa, poeti-artisti-scrittori possono essere anche eccentrici, ma la sola eccentricità non assicura né respiro d'arte né il Nobel per la letteratura. Rileggo la Righetti, con quelle zie pelose che mi ispirano le zie babilonesi degli Ebrei. Vorrei che almeno una di loro avesse voce; che cantasse in versi o in prosa il proprio delirio e invece le zie passano come le ultime gocce di un temporale di fine estate.

ADDIO A GIANCARLO BARBERIS

Torno oggi da una visita in ospedale, dove, al decimo piano, invece del mio amico malato ho trovato *uno che fu*, fino a stamattina alle cinque. Ho pianto di nascosto su quell'immensa periferia romana in cui un sasso può far pensare all'eternità. Ma ho dovuto smettere di piangere perché dallo specchio della finestra, lui agitava le mani per attirare la mia attenzione. Mi diceva, a gesti: "hai visto la nuova ferrovia veloce per San Pietro che corre sotto l'ospedale Gemelli? Beh mi sono trovato in prima classe con l'angelo-ferroviere che mi spiegava, in perfetto francese, (la mia seconda lingua!) di avere un trattamento di favore per il solo fatto di essere un non credente!".

Rientrando nella sua stanza mi è sembrato di vedere una traccia di quel sorriso sul corpo che aveva già preso i colori dell'inesistenza. Più un disegno pastello che un corpo umano. Non so quanto quest'uomo sia stato profondo, ma so che fa parte, a pieno titolo, della storia del Novecento. Oltre che a viaggiare, a organizzare premi televisivi e a scrivere per quotidiani e riviste si è dedicato alla sua *Casa di sogno* in un paesino con meno di duecento anime ai piedi delle Prealpi Biellesi. A San Bononio, una Frazione di Curino di Biella[5]. San *Bononio* per Giancarlo Barberis e per altri prescelti.

Poco più di un anno prima, a San Bonomio, aperta la finestra si scopre una 'foresta amazzonica' di cui ammiriamo i contorni al crepuscolo e, in una sera di temporali, i lampi che corrono orizzontalmente da un estremo all'altro del visibile. La naturale dura ormai da due ore e le nostre donne vanno a letto. Lui mi prende per un braccio: "Guarda, roba da matti!" Un lampo si è infilato nell'immenso letto di una nuvola distesa, irrorata nell'ultimissimo crepuscolo, e vi disegna una scultura di Consagra.

Un impeto di commozione prende il cuore e la bocca del mio amico. "Dio mio!" mormora e passa un secolo nello sguardo alimentato dai ricordi e dal fumo delle sigarette. Riprendo fiato ed ascolto il silenzio. Mi sta lasciando in eredità vigilata quanto gli resta dei suoi sogni e l'ammirazione delle opere della madre pittrice che non ha mai cercato gloria. Sarà vano. Il mondo dei vivi segue sempre altre strade. Giancarlo ha viaggiato per il mondo, con la sua voce potente, il corpo da ballerino, il grande volto non bello, ma ironico. Fuma pacchetti di *Goulois*. Riguardo il suo corpo inerte. Esco. Per la prima volta non resisto all'immagine della morte.

TORNANDO DALLO YEMEN

Ho appena fatto ritorno dallo Yemen dove ho avuto conferma che il tempo-spazio è diverso da paese a paese e mi chiedo quale sia lo spazio tempo di Verona e degli ambienti reali dove la Righetti mette i suoi personaggi. *Felici per caso?* Ripenso allo Yemen con i pugnali alla cintola quale segno di virilità e a tante altre stranezze, un paese però in cui la povertà aguzza l'ingegno e il desiderio di Dio. In *Felici per caso* "Il padre perdeva spesso il lavoro – scrive Marilia – a causa del suo carattere ribelle e autoritario e affrontava il disastro ricorrente con viaggi terapeutici nelle più belle località e nei più lussuosi alberghi della Costa Azzurra". Beato lui. Mi chiedo dove l'aspettasse Eufelia (non chiamo la sua amante Sigismonda per non dissacrare Cervantes). Eternamente *incazzato* (*"biscazzato"*) mi suggerisce ora l'insensato vocabolario dell'insensato pc ma ad arte; soltanto per fare i comodi suoi: questo era in realtà il padre eccentrico di *Felici per caso*. Sembra il personaggio di un libro pensato e mai scritto, da un mio amico, un eterno un ragazzo napoletano che, con gli occhi azzurro-mare e la barba folta, con rigagnoli d'oro quando mangia il cocomero, finge di pensare ai mali del cosmo, ma scruta e sogna i fianchi mozzafiato della cameriera.

A DORSO DI MULO CON IL NONNO ALLOPATICO

Il padre di *Felici per caso* (per chi scrisse Pirandello *Sei personaggi in cerca di Autore!*) mi fa venire in mente mio nonno che con il suo totale amore per le donne e gli scatti d'ira epico-giustificativi, da bravo medico internista si era ritrovato medico condotto in un paese della Sabina. Ma portandomi a dorso di mulo mi spiegava i segreti dell'omeopatia pur irridendola (scienza imperfetta ma geniale che avrei ritrovato, capito e sperimentato sul mio corpo soltanto trent'anni dopo). Un quadrupede imbecille, eternamente furioso per la sua ibridazione con l'asino, intenzionato a mettere fine ai miei giorni di fanciullo, puntava verso gli strapiombi. Eccoli, sono gli strapiombi dello Yemen. Sono partito da Roma esaurito e malato, esaurito e il volto gonfio. A migliaia di metri d'altezza e a 61 anni, ritrovo il mio antenato. Somiglia ai Sanniti di Puglia, in barba alle mie rivendicazioni ellenistiche. La testa mi duole, rasserenato soltanto dalle carezze di una compagna di viaggio infermiera che mi avvia alla convalescenza. Ci sfioriamo appena e io metto lo zaino tra me e lei per farle capire che si tratta di un amore platonico, ma che può essere però più importante di un amore vero, evangelico, come la fondazione di Atlantide. Rileggo ancora la Righetti e mi vengono incontro le bambine adulte del Nord-est. A pochi metri dalla camionetta militare della Repubblica Yemenita (che ora governa Nord e Sud) mi blocca un ribelle con giacca aderente di pelle di montone nero e con un mitra modificato, il cui caricatore è grande quando un cappello messicano. Non vuol rapirmi mi spiega, quando ormai i compagni di viaggio sono tornati a passo accelerato, alla camionetta militare. Spiega che *costiamo troppo* riferendosi forse all'improbabile vicenda di un industriale italiano che si sarebbe fatto rapire per "sfuggire a moglie, amante e sindacati". Rientro nel fuoristrada yemenita: l'infermiera dei sentimenti mi sfiora, e io mi scuso. Lei sorride. Ora ha il profilo bello e duro di una principessa indiana. Le passo il braccio attorno alle spalle senza sfiorarla. Sogno.

Sono di nuovo sopra il libro di Marilia Righetti, ma torna prepotente l'immagine dello Yemen e il pensiero dello spazio-tempo del novecento. Il secolo appena trascorso mi sembra congedato per sempre. Forse se ne occuperanno, con lumi, nel 2100. Del resto ho disseminato troppi lampi-flash agli angoli di continenti immaginari e nei testi più amati per capirci qualcosa. Ora i lampi si mettono in circolo, disegnando – su una foschia ombreggiata di avanzi di Bruno Van Dick (parlo del colore) – un cerchio paradisiaco.

Silvana Pedretti

UNO STRANO INCONTRO

La sveglia sul comodino segnava le tre e tre quarti e con la pena che avevo in cuore non riuscivo a prendere sonno. Faceva caldo, le finestre aperte e il ventilatore non erano sufficienti, considerando la mancata tranquillità del mio animo, in quel periodo, a farmi sentire serena.

Mia madre e mio padre dormivano profondamente nella camera accanto e sentivo il loro russare e ne ero infastidita. Certamente loro potevano permettersi di dormire, non sapevano l'angoscia che mi aveva avvolta quando avevo scoperto che il ragazzo che amavo e che, per fortuna, ancora non avevo presentato in casa era sposato! Avrebbero fatto scintille e fiamme se avessero scoperto che avevo avuto una relazione con uno che poi si era rivelato sposato con figli... Capperi! Io che avevo 17 anni, che ero stata così ingenua... Io avevo permesso a quell'uomo di ingannarmi! Per due mesi era riuscito a darmela a bere... Quanta rabbia quando pensavo che avevo sprecato due mesi a credere alle sue scuse e abitava solo dall'altra parte della mia stessa città! Quel giorno avevo avuto la certezza delle sue ipocrisie, delle falsità, dell'inganno. Una mia amica, qualche giorno prima, incontrandomi abbracciata a lui mentre compravamo un gelato, mi aveva detto di conoscerlo come il padre di un suo allievo di scuola materna e che era sposato. Quella mia amica mi aveva detto tutto, che lui era un elettricista di 40 anni e non di trenta come mi aveva fatto credere, che il suo bimbo più piccolo aveva sei mesi... e tanti altri particolari che m'avevano ferita profondamente. Sul momento non le avevo creduto, impossibile che mi avesse raccontato tante bugie... Ma quella stessa mattina rivedendolo, gli avevo posto direttamente le domande a bruciapelo, sperando di sentirmi dire che non era di certo lui ad essere il padre di quel bambino... Invece aveva trovato le scuse più banali: che era separato in casa, che s'era sposato troppo giovane costretto dagli avvenimenti, che non amava più sua moglie. Mi ero limitata a gridargli in faccia il mio disprezzo, ordinandogli di non venire da me mai più, di buttare nei rifiuti il mio numero di telefono, di ignorarmi se non voleva che compromettessi la sua famiglia. Lui era rimasto muto, non aveva fatto resistenza, proprio dimostrando che per lui ero stata una ventata di novità e basta! Facendomi sentire la più stupida delle donne!

Pensando a tutte queste cose e sentendomi sempre più arrabbiata con me stessa, non riuscii a dormire, così decisi di uscire, ma per non svegliare i miei uscii dalla finestra a pianterreno. Il cancello era socchiuso e mi incamminai verso la spiaggia, mentre per strada a quell'ora di notte passava solo qualche auto di persone che si recavano al lavoro o che tornavano da una nottata di divertimento. Così, in camicia da notte, spettinata e senza voglia di vivere, mi accinsi a camminare sugli scogli, che ben conoscevo. Iniziò ad alzarsi del vento, e sentii l'umidità della notte attraversarmi la pelle seminuda. Quando ritenni di aver camminato abbastanza, mi sedetti su uno scoglio vicino agli spruzzi delle onde del mare, e guardai verso l'alba, che cominciava a colorare il cielo un tono più chiaro in quel mese d'inizio luglio. Il mio animo era triste e avevo i pensieri più cupi... Ah la vita! Che cosa triste, che contrasto d'illusioni che poi si incatenavano con le delusioni seguenti... Cominciai a pensare di farla finita... Buttarmi fra quelle onde, in quel mare che amavo... bastava poco... così non avrei più pensato a Manuel, alle sue bugie, all'amara verità... mi sentii infreddolita, ma non m'importava... Fino a quel momento non avevo mai pensato a cose così brutte, a desiderare intensamente di non esserci più... Un colpo di tosse alle mie spalle mi fece sobbalzare. Mi girai e vidi un uomo anziano... di età indefinibile e con la lunga barba bianca e i capelli lunghi, di un colore argenteo... Gli occhi erano talmente chiari che parevano trasparenti, come il cielo. Prima di parlare, lo guardai molto attentamente e non sentii affatto paura, nonostante avesse qualcosa di strano...: "Chi è Lei? Cosa vuole da me?" Certo ero stata sgarbata, ma sembrava che a quell'indefinibile uomo poco importasse del mio atteggiamento. Guardò oltre la mia testa, verso la profondità del mare, e mormorò: "Ha visto quanto è infinito anche ciò che apparentemente finisce?" Istintivamente guardai verso l'orizzonte, fino a che il mio sguardo poteva arrivare, e mi stupii di quella strana e profondissima frase. Mi tornai a voltare verso l'uomo...: "Cosa vuol dire?" Lui continuò a fissare l'infinito e mormorò: "Quando tutto sembra finire, quando il nostro animo si sente abbattuto dalle delusioni, ecco che tutto ricomincia, e la gioia e la speranza tornano a farsi strada nel nostro cuore...." Un po' irritata da tanta riflessione, dissi: "Ma lo sa lei che oggi non ho più motivo di avere fiducia negli uomini?..." Stavo per continuare, ma lui mi interruppe... La sua voce pareva ancora più profonda nel vento del mare che la trasportava in un sibilo di armonia: "So cosa ti è accaduto... Avevi creduto di amare un uomo affascinante, e stamattina la più grande delusione ti ha spezzata. Ti senti offesa, tradita. Pensi seriamente di farla finita, di gettarti fra le onde. Ma ripensaci; in fondo se ci pensi bene fra te e quell'uomo non c'è stato nulla di così importante... Qualche bacio, qualche promessa..." Lo guardai stupita... Ma come faceva a sapere? Chi era quell'uomo? La voce mi si era persa in gola, non mi usciva dalla bocca, e mi sentivo come un pesce che boccheggia a vuoto ma che non riesce a dire nulla... L'anziano continuò: "Sei una brava studentessa, l'anno prossimo inizierai l'università. Sei integra fuori e dentro, bella e piena di bontà... e tu vuoi rovinare questo bel percorso per una persona che non merita assolutamente tanta disperazione? Hai pensato ai tuoi genitori che ti amano e cercano di darti quanto per loro è possibile per rendere la tua vita scorrevole e serena? Hai pensato a quanto poco importante sia una storia d'amore, anche se per te era la prima che sentivi seriamente? Cosa ti aveva tanto attratto di quell'uomo? Nulla che tu non possa ancora trovare in un altro, nulla per sospendere in un tempo finito un'anima che non finirà mai e che deve avere sempre la forza di andare avanti. La vita è piena di cose belle, va sempre vissuta superando gli scogli amari delle avversità!" Ammutolita da tante belle parole, dal sentire che sapeva tutto di me mentre io non sapevo nemmeno chi fosse... Ma era così serena la sua vicinanza, erano profonde come gli abissi del mare le sue parole. Ma chi era? Sospirai, provai un altro brivido di freddo lungo la schiena e le braccia. Scoppiai a piangere, e l'uomo mi sostenne e mi tenne fra le sue braccia come un padre. Aveva l'odore del mare, e il suo corpo era leggero come le nuvole! Appena sfogato il pianto mormorai: "Ma come faccio ad avere fiducia negli uomini...?" Lui sospirò: "Nella vita capita di essere fraintesi, raggirati, delusi. Ma chi ha l'anima piena di luce da queste esperienze ne trae solo forza, per poi poter amare di nuovo in maniera totale la persona giusta! Arriverà anche per te, alla fine dei tuoi studi... e potrai essere felice, avere dei bambini... fidarti ciecamente..." Compresi che quella che avevo appena sentito era una previsione... Non sapevo come potesse accadere a me, ma pensai che quell'uomo era un Angelo... Solo così poteva dirmi tante cose belle e togliermi dalla tristezza più nera! Mi girai, per chiederglielo, ma attorno a me era rimasto solo un alone di nebbia... di nuvole... che in breve si dissolse. Ormai albeggiava e non era per me uno spettacolo usuale vedere l'alba... scoppiai a piangere di nuovo, pensando a quanto avrei perso se avessi dato retta all'impulso di togliermi la vita, solo un'ora prima. E ringraziai quell'Angelo che mi aveva parlato e protetto... Tornai verso casa, con l'anima leggera, la delusione non mi pareva più insormontabile. Mi sentivo importante, serena, con ancora un po' di bruciore in fondo al cuore, ma sentivo che stavo vivendo, stavo bene e solo questo importava. A distanza di nove anni da quel giorno lo sento ancora vicino a me, anche se non l'ho più incontrato. So che non sono sola e che la vita va davvero vissuta fino in fondo, facendo tesoro d'ogni esperienza. Le previsioni di quell'Angelo si sono rivelate vere, ed ora sono felicemente sposata e con due bellissimi bambini. Ogni giorno, ogni ora nel mio cuore ringrazio di avermi aiutata a non commettere un'azione così grave. Oggi non potrei vivere intensamente ogni cosa, senza quell'aiuto meraviglioso!

Maria Carmela Pieralli

A RAFFAELE

Su laghi d'oro
passa la tua ombra
pensosa,
va a cercare
cieli distanti,
e se siano qui o lì,
se nel momento del suo tempo
o nell'eterno
va come uccello
che lascia passare al di sotto
uomini e giorni.
E quando quelli la richiameranno
dovrà girarsi indietro per vederli,
perché saranno già passati,
mentre lei va
sulle rive del suo nascere
con ansia di volo.
Non suono di voci,
o cose segno di cose
la tratteranno,
ma differenze minuscole
da nuvola, o cielo,
o goccia di pioggia
che attraversa l'aria.

AVREBBE DOVUTO BASTARMI

Avrebbe dovuto bastarmi
tutto ciò che inventavi
per aggiungere un domani
al giorno che ci aveva già lasciati
inariditi,
con il nero e le notti d'autunno
poggiate sul tuo viso.
Ma era lì, tra l'occhio e il sopracciglio
che mi donavi la tua eternità:

era lì che albe si ripetevano incessanti
e tramonti spegnevano i giorni
che vivevi senza di me.
La bellezza che mi offrivi,
perché ti imploravo,
era sempre nuova e irraggiungibile,
come le infinite metafore
dormienti
sotto l'ampio arco dei pensieri.

Nel cuore scuro, poi,
brillava una luce di futuro.

LA NOTTE

Fuori dall'uscio di legno,
lasciato a consumarsi
al tarlo del tempo,
ho trovato la notte
con l'aspetto delle colline
che dormono
il sonno muto della pietra.
Più in là,
sul mare una nave passa
tutta luci:
è la notte profonda e silenziosa.

PER ISCHIA (PONTE)
che vive da sempre nel profondo del mio cuore

Dormono sull'acqua
le case rosa e ocra di Ponte,
le bianche sono lì da sempre;
il campanile della Cattedrale
è ocra intenso nel tramonto.
- Pietrificato nel suo sogno d'attesa -
come le lanterne nei vicoli
attendono tutti i ritorni.
Le barche al pontile
dormono sognando la profondità
in cui il mare è in pace con la sua acqua
e la gente parla di maree, di luna:
la gente di Ponte va al Castello,

guarda la sua ombra
alla sera contro la luna:
misterioso itinerario ascendente
nel buio e stelle al Nadir,
mentre l'anima del mare lì non ha inverni;
gli fioriscono sul fondo
tenere primavere,
ginestre, fiori d'arancio
bianche mortelle e pioggia di maggio
che silenziosa cade
mentre l'acqua del porto, pensierosa,
sente l'alto mare.

TRAMONTI ROSSI AD ISCHIA (FORIO)

Mi accompagnava
nelle passeggiate a Punta Zaro
e più in là a vedere la scogliera
che nei pomeriggi assolati
nasceva dopo il verde
e si mostrava disperata
di case bianche e basse,
con il dorso indorato dallo scirocco.
Restavamo ad ascoltare il ridente silenzio
che dal monte alle spalle
aspettava con noi il tramonto rosso,
per chiudere il giorno senza più parole.

Al mattino, poi, le barche a Sant'Angelo
muovevano i loro corpi
come un sussurro d'anime.

QUANDO TUTTO DI ME NON SAPRAI

Quando tutto di me
non saprai,
ti resteranno
le mie forme
che scendono le scale
della nostra casa
per rincorrere
stelle di corallo e le ombre di noi:
quando ti avrò detto:

"non ha senso la mia vita senza,
non te ne andare",
dal fondo più remoto
del mio fondo, sentirò
la certezza del tuo bacio,
che resterà lì
perché lo vorrò di pietra,
sulle labbra mie, di ombra.

SEI NEGLI ANGOLI REMOTI DEL GIORNO

Sei negli angoli remoti
del giorno: nulla da nulla.
Io ti vedo chiaro.
Ho acceso fuochi: tu sei
dall'altro capo del telefono.
Ho indossato vesti: tu vinci
l'eterno anonimato del mondo.
Ho infilato collane: i tuoi baci
vengono da dove vengono.
Ho detto ci vediamo: hai lasciato
il vestito di latta rosso fiamma.
Ho scritto parole con macchine
impazienti di messaggi Agli antipodi.
Vieni o vai pensiero taciuto.
Addormentiamoci nel nostro sonno
abbracciato: lo hai detto tu.

SONO PASSATI COSÌ QUEGLI ANNI

Sono passati così quegli anni,
aspettando il mese,
l'anno che ti avrei incontrato.
Le parole sempre fiori acerbi:
non sapevano cosa avremmo detto,
se guardando nel buio dei pensieri
ti avrei poi spiegato
quello che c'era e ciò che pensavo:
la mia gioia era non farlo mai.
Più oltre ti avrei amato,
senza verità sulle labbra
e tutto chiaro: la tua assenza
mi dava il grande abbraccio
che ci consumava.

VIOLA È IL COLORE DELL'ALBA

Viola è il colore dell'alba
Dai vetri della corriera.
Nei tuoi occhi,
il fuoco lavora,
come il deserto, correndo,
strappa brandelli di luce
che i diluvi
lasciarono al ricordo
senza ricordi,
e al nero dello sguardo
intrecciano pensieri
dimenticati sulle labbra,
per raccontarti ancora
dei tormenti
che conoscesti con me.
Dannazione me ne pento.
Donami ancora il cuore.
Conosco il viola,
il giorno ed il nero della notte.

TESTIMONIANZE CRITICHE

"Il 'ductus' dei testi di poesia di Maria Carmela Pieralli ci riporta al piano della nobiltà dei sentimenti e dell'amor cortese di stilnovistica memoria, tanto è presente un lessico scelto, ricco di liricismo panico e simbolico che, con precise immagini paesistiche, si rincorre in funzione rievocativa, ma anche quotidiana, e coglie spunti di rara sensibilità e bellezza. Poesia d'amore, quindi, che accende lo "spleen" della poetessa e che s'apre ad una rappresentazione sottesamente malinconica, pur nella sete di presa di coscienza di sé. (...) la poetessa dà l'impressione di prendere atto, con consapevolezza, di un altro da sé, che appare inafferrabile, irriducibile ma collegato alla vitalità della psiche, con il quale dialogare per placare le tensioni che l'agitano e che si presentano in quadri composti di Luce ed Ombra, ma che hanno, al contempo, un significato profondo e vitale, paradossalmente un 'idem' di presenza, capace di fermare nei versi le più tenui ombre del sentimento e del pensiero, fino a sfiorare l'incoercibile sogno, manifestandosi solamente con segni criptici della propria presenza. In tal senso, la sua parola riesce ad avere un forte valore mediatico, per le emozioni che sa suscitare."

Lia Bronzi

Liberato Quaglieri

LA PRINCIPESSA IRENE

I due innamorati, Filippo e Irene, vivevano felici e contenti nella loro tenuta con a monte il castello. La ragazza non aveva soltanto il titolo di principessa, ma si poteva definire tranquillamente anche regina dell'amore. Infatti, lei – di sani principi – amava tutto e tutti. Ovviamente per ogni cosa e per ognuno aveva l'amore appropriato. In particolare amava il suo Filippo e gli si donava con tutta se stessa. E anche lui sembrava l'amasse tanto ed era premuroso con lei. Per questo nessuno avrebbe mai pensato che tra loro potesse succedere qualcosa, che non fosse amore.

Lei, la principessa Irene, era gioviale e di buon cuore con tutti. La numerosa servitù che viveva nel maniero ricorreva spesso a lei per qualsiasi motivo. E lei era sempre disponibile.

Si recava spesso nella campagna per una passeggiata a cavallo col suo bellissimo puledro bianco. In quelle occasioni non disdegnava di fare lavori della campagna; si comportava anche da perfetta contadina. Infatti, un giorno di metà giugno, nelle campagne della tenuta si iniziava a fare la raccolta delle ciliegie[1]... In quel tempo, le ciliegie si raccoglievano tutte e c'era mercato.

Durante le ore fresche di primo mattino Irene monta sul suo cavallo preferito e fa un giro nella campagna, allontanandosi di qualche ora dal castello soffermandosi con alcune sue contadine che aiutavano i loro mariti nella raccolta delle ciliege. Con loro scherzava... soprattutto durante il lavoro. Cercava così di alleviare un po' la fatica delle donne contadine.

Il lavoro da svolgere consisteva nel sistemare le ciliegie in piccoli cesti: si mettevano sul fondo foglie fresche di felci, piegandole verso l'alto della parete; si riempiva il cesto di ciliegie, ricoprendole poi con altre foglie fresche di felci. Man mano che i cesti si riempivano, i contadini addetti al trasporto li caricavano sui carri e li portavano al centro di raccolta più vicino.

Dopo una certa ora la principessa Irene salutava tutte con giovialità e augurava buon proseguimento nel lavoro; salutava anche gli altri lavoran-

---

[1] Non era come oggi, mentre scrivo: è Domenica 17 giugno 2007; sempre per una politica sbagliata sull'agricoltura, nelle campagne adiacenti la mia proprietà le ciliegie, sugli alberi, stanno marcendo. Non vengono raccolte perché il prezzo pagato al contadino produttore non gli permette nemmeno di coprire le spese per la raccolta, mentre ai mercati, specialmente nelle città costano tanto che non tutti possono comprarle! Oltre a questo sono anche scomparsi i piccoli centri di raccolta come allora, che sono esistiti fino agli anni Cinquanta-Sessanta dello scorso secolo.

ti presenti a terra e quelli sulle scale attorno agli alberi di ciliegio, e correva al castello. Nel modo in cui Irene amava la campagna non si limitava soltanto a quel lavoro, ma anche partecipava a tutti gli altri lavori contadini nei vari periodi dell'anno.

Passa il tempo! Filippo e Irene ebbero sette figli. Filippo, per il suo lavoro, era sempre più costretto a stare lontano dalla famiglia, dal castello. Amava la sua principessa! ma, un giorno a Filippo accadde una cosa non bella per la sua Irene e per tutta la famiglia, oltre che per se stesso. Infatti, in uno dei suoi viaggi incontra Cunegonda, una giovane, mezza aristocratica e bella donna, che gli fa perdere la testa; lo ammalia e riesce a convincere Filippo ad abbandonare Irene, i figli e a vivere, con lei, a casa sua.

Irene, da sola, cresceva i suoi figli con amore e nello stesso tempo soffriva per la ferita che Filippo aveva inferto al suo cuore. Nonostante ciò lei lo amava come sempre e si distraeva andando più spesso in giro nella tenuta e restava anche più tempo con le sue contadine che le portavano un grande rispetto e le volevano un gran bene.
In quell'epoca esisteva una più vera, sana cultura morale e civile; è vero pure che era più sentita la differenza di classe, ma per Irene, pur essendo una principessa, non faceva la differenza. Anche, e soprattutto in questo, era la sua grandezza.
Filippo viveva lontano con la sua nuova fiamma, Cunegonda, la quale viveva sfruttando Filippo, che preso da quell'amore si prodigava a difendere quella donna in tutte le cose che la riguardavano. Tutto filava liscio. Se non che un giorno, sulla tarda sera, Filippo era in viaggio con la sua carrozza, quando ad un tratto fu presa d'assalto dai briganti, i quali, dopo averlo derubato, lo ferirono gravemente con un pugnale. La fortuna volle che i briganti credettero di averlo ucciso e fuggirono via.
Dopo qualche minuto di silenzio, Filippo sente la voce del suo cocchiere che cerca di scuoterlo. – Nel parapiglia, si era salvato gettandosi al lato del sentiero rimanendo immobile e silenzioso nella folta vegetazione. – Filippo disse, con un filo di voce: "Giovanni, portami subito a casa di Cunegonda". Giovanni rispose che l'avrebbe fatto immediatamente e che non si doveva affaticare. Giunsero davanti alla casa di lei. Filippo pregò Giovanni di accompagnarlo davanti alla porta di casa e aspettare in silenzio.
Filippo chiamò la donna e disse: "Amore, sono in fin di vita... sto per morire, non ce la faccio più... presto apri la porta e aiutami..." Ma la sorpresa di Filippo fu grande, perché dall'interno Cunegonda rispose: "Ma chi ti conosce...? vai a morire da qualche altra parte... va' via..., va' via... altrimenti chiamo i gendarmi."

Erano circa le 9 e 30 di sera. Filippo insisté per un po'... poi, ricevendo non altro che parole sporche e minacce, si rivolse a Giovanni e lo pregò di aiutarlo a risalire in carrozza e portarlo a casa della principessa Irene. Al che il cocchiere rispose che sarebbe stato meglio andare prima da un medico, perché per arrivare da Irene ci sarebbe voluto qualche ora, ma Filippo insiste per andare da Irene. È notte fonda, sono quasi le due, quando arrivano dalla principessa Irene. Filippo si fa accompagnare davanti al portale del castello e chiama ripetutamente Irene; senza aspettare la risposta chiede aiuto: "Irene sono Filippo... so...no... gravemente ferito... aiutami..." Passa qualche secondo di tempo, per Filippo interminabile, e la voce della principessa si fa sentire forte e allarmata: "Filippo, amore mio, sto arrivando... eccomi, eccomi." Immediatamente Irene si prodiga in tutti i modi e dice a Giovanni: "Mentre io lavo e incomincio a pulire le ferite – lei era una brava crocerossina, ma in quel caso ci voleva l'aiuto del medico – tu corri a prendere il dottor Mario, fa presto ti prego corri... corri."

Il dottore Mario, amico di famiglia, arrivò, fece la necessaria medicazione, raccomandò a Filippo di non muoversi dal letto e gli disse: "Filippo, hai ricevuto un miracolo! per l'entità delle ferite avresti dovuto perdere molto sangue! E in base al tempo trascorso dal ferimento saresti potuto essere già morto, mentre qualcuno da lassù ha fermato le emorragie! Perciò sei ancora vivo. Ora, però, per riprenderti hai bisogno di riposare qualche giorno. Ti raccomando, non muoverti dal letto."

In breve tempo, grazie anche alla sua forte fibra e alle amorevoli cure della sua Irene, guarì. Nel ricevere tanto amore che riteneva di non meritare più disse a Irene: "Come ho potuto tradirti? mi potrai mai perdonare?" Lei, per il grande e sincero amore che sentiva per lui, rispose: "Amore mio, sei sempre stato nel mio cuore, anche e soprattutto quando eri lontano mi preoccupavo per te, non ti ho mai dimenticato. Facciamo conto che eri partito per un viaggio di lavoro un po' più lontano del solito e ora sei tornato. L'unica cosa che ti chiedo – ora che ti ho ritrovato – è di non lasciarmi mai più, perché ti ho amato e ti amo tanto. Senza di te non potrei più vivere."

Filippo dal comportamento di Cunegonda aveva capito chi e che donna ella fosse veramente. E soprattutto capì che l'amore di Cunegonda era falso... e, nella sua riflessione, si rese conto che l'amore per Irene, nel suo cuore, non era mai finito... altrimenti la sua reazione al comportamento di Cunegonda sarebbe stata molto diversa.

Restò per sempre con la sua principessa, la sua famiglia e i suoi figli che nel frattempo stavano crescendo.

Così..., felicemente, Filippo, la principessa Irene e i suoi sette figli vissero la loro esistenza con tutti i sani principi religiosi, morali e civili. Soprattutto Filippo fece tesoro della dimostrazione negativa che aveva avuto da una donna che non era sua moglie e al primo momento di mettere in prova i sentimenti, quella donna dimostrò il suo vero volto! Mentre sua moglie lo accolse con amore perdonando anche l'offesa ricevuta.

Essi hanno tramandato ai loro figli e ai loro discendenti (che ancora oggi, dopo oltre un secolo vivono) i sani principi e si tengono lontano da tutte le sconcezze e la sporcizia che insidiano, sotto le svariate forme, la crescita nella odierna modernità di inizio del terzo millennio.

ISPETTORE CAPO
FILIPPO RACITI*

Parti dal comando
per una normale vigilanza
allo stadio
mai avresti pensato, Filippo,
di essere assalito
da chi si sta affacciando alla vita.
Non potevi sapere
che quel gruppo di giovanissimi,
dalla mente offuscata,
avrebbero scatenano tanta violenza
distruggendo tutto ciò che si trovava
sul loro cammino
ritenendo che ogni loro desiderio
è un diritto.

Tu con fierezza e pieno senso
del dovere affronti l'emergenza.

In quei frangenti hai, di fronte,
un imprevedibile nemico.
Lo affronti con la dignità
e l'onore che ti distingue.
All'improvviso quello strano nemico,
che non conosce pietà, ti colpisce a morte.
Così spegne la tua preziosa vita:
di Poliziotto e di padre di famiglia.

Con la speranza nella giustizia,
che fermi la cultura della violenza
che sia presente al fianco di chi, della Polizia
e delle altre Forze dell'Ordine è sempre
in prima linea a far da scudo
alla parte sana, non violenta, del paese.

A noi non resta altro che il rammarico
per averti perduto non in una guerra
ma per una partita di pallone...
per la tipologia del nemico
che avevi di fronte. Filippo Tu sei

* Ispettore Capo di Polizia di Stato caduto (durante l'attacco "terrorista") a Catania Venerdì, 2 febbraio 2007, nell'ambito del suo dovere per una partita di calcio.

più che un Eroe e sarai per sempre
nel cuore di quanti combattono
l'ingiustizia, la violenza,
anche e perché "con la tua morte
hai dato lezione di vita".

2 marzo 2007

MOSTRUOSITÀ

Tanti
anni fa
l'uomo
che si riteneva
coraggioso
legalizzò
l'aborto!
Sono passati
tanti anni ormai! e
quell'uomo non è ancora
in grado di capire quante
vite innocenti, indifese
- in tutto il tempo -
il suo "coraggioso"
gesto ha decimato!
E nella sua cecità
- e inventando alibi -
il suo sterminio continua!
Non si rende conto che il
suo massacrare gl'innocenti
lo trascina verso la sua stessa fine!

14 maggio 2007

Lia Quintavalle Di Vita

PICCOLO FIORE

Dondolio d'altalene
vuoti stanchi del pensiero
si alternano
a cocenti ricordi.

Cerca lo sguardo
punti inesistenti
tra l'acre odore di paglia
erba disseccata
dal sole di luglio.

Colgo
un piccolo fiore di malva
sbocciato tra gli sterpi,
miracolo d'amore
bellezza dai tenui colori
sulla terra bruciata.

Fragile vita
forse ignorata
ma non inutile
se almeno un poco
riesce
a placare il mio cuore
se ritorna dolcezza
e speranza.

FILASTROCCA

A Francesca

Come due gocce d'acqua

limpide trasparenti
sono i tuoi occhi
piccola mia,

due stelline chiare
dove si specchia
ogni sguardo.

E i riccioli leggeri
come pensieri
mossi
dall'alitar del vento.

La mano
tenera graziosa
ovunque si posa,
vanitosa farfalla
che svolazza
pazza d'aria e candore,
tende le braccia
si lascia bagnare
la faccia
da una pioggia d'amore.

Risate cristalline
cadono
come perle sfilate
una ad una
giocando
rimbalzando
schizzando ovunque
colorate di sole.

Poi il sonno profondo
tra braccia amorose
balocchi e peluches
per correre ancora
domani
il suo girotondo.

CREPUSCOLO

Ancora azzurro è il cielo
pallido all'orizzonte.

Lentamente
si accendono i lampioni
lungo il viale.

Sale lo sguardo
dove il giorno scompare
salutando la notte.

Falena del tempo
bagliore di un attimo.

Tornerà il domani
ma sarà un altro
nuovo, prezioso.

Forse
un piccolo scrigno
odoroso
di mille profumi,
un cucciolo da amare,
un calice amaro
da bere,
un vaso cristallino
dove si specchia l'anima,
un vuoto da colmare.

GITA ALLA FATTORIA DEGLI ULIVI
(tratto da: *Il diario di Adelina*)

Sono affacciata ad una vecchia finestra di una vecchia casa. Il mio sguardo si volge all'interno lentamente seguendo il pensiero, o forse è il pensiero che segue lo sguardo captando ciò che le cose, mute, esprimono.

Attorno vi sono muri screpolati e polverosi, con impronte di chiodi, quadri e mobili ormai inesistenti. Il pavimento è sconnesso e dalle fessure spuntano fragili fili d'erba. Pendono ragnatele un po' ovunque come drappi di seta grigia. Si ode il respiro di un'esistenza sepolta che vuol rivivere nelle suggestive sensazioni di coloro che osservano e cercano di capire il tutto con amore e fantasia. Sembra udire lungo la scaletta di legno il rumore di zoccoletti che scendono e salgono veloci, accompagnato dal fruscio di ampie gonne confezionate con rigido fustagno. Un po' in penombra, sorgono immagini sfuggenti di crocchie appuntate sulla nuca e lunghe trecce che ricadono su spalle sconosciute, mentre si spande attorno profumo di polenta e l'acre odore di legna umida che arde tra gli alari, in una giornata di pioggia. Sui pavimenti, resti di oggetti scoloriti. Alcune porte cigolanti si aprono su misteri bui e silenziosi; altre rimangono chiuse agli intrusi con ostile riserbo, scolorite, traballanti, e pur fedeli custodi di un mondo passato ma non cancellato. Al di là di esse sembra aleggiare ancora l'amore e la felicità di due sposi, vagiti di bimbi, sogni di fanciulle, il quieto mormorio di un rosario sgranato lentamente sonnecchiando, in risposta ai rintocchi di una campana vespertina che invita alla preghiera.

Fuori, oltre il selciato consunto, oltre il muro cadente e l'orto incolto, LA COLLINA irta di ulivi contorti dalla chioma bruna si curva dolcemente sulla campagna sottostante. Lontano, sempre meno nitidi, nel rosso tramonto settembrino, si scorgono torri, campanili, parvenze di tetti a catena, sfocati, quasi trasparenti, in una scia luminosa come una lunga lampada.
LÀ È LA CITTÀ. Non vorrei tornare!! La pace, il fascino suggestivo di questo luogo mi avvolgono come un soffice mantello, dandomi attimi di beatitudine incancellabili ove l'anima si ritrova. Ma laggiù, dove sembra che un incendio si propaghi lentamente, nel mare agitato che scorre tra cemento e asfalto, ci sono tanti fratelli da incontrare, da amare, forse.

Mi incammino pian piano, mentre i miei amici frangono le olive. Via via che mi allontano il rumore della macina si fa sempre più flebile. Domani scorrerà olio prezioso, simbiosi della terra e della fatica umana.

È quasi buio e la realtà ritorna a poco a poco. Sono stanca ma serena, una musica dolce accompagna i miei passi.

Virgilio Righetti

LA LIBERTÀ

Ma come!
pretendi tu di capirmi
e qualora m'avessi frainteso
mi poni addosso la condanna
additandomi a gran voce
l'emblema dell'errore?

E in base a quale confronto
tu stabilisci una presunta
deviazione del fine
confermata stabile
inamovibile in assoluto
quale luce di falsa verità?

No, tu non hai questo potere
arbitrariamente te lo sei preso
al fine di porti
su piedistallo d'alta autorità.

L'autorità!
Ma chi ti ha fornito tale potere
forse Iddio?

Ma quali prove dimostri
in tal senso d'avere
da confinare il presunto errante
nei fossati d'un buio eterno
e dimenticato da tutti?

La Libertà?
La possibilità d'avviarsi è verità
nei prati sconosciuti del sapere
per un possesso d'altre fioriture
apparse nuove e d'improvviso
nei cieli dell'anima
in concomitanza alla bella Natura.

LA SOLITUDINE

Tu mi dici che la solitudine
nel sociale senso del vivere
con certezza si vince,
ma per me questo non accade
e mi vado invece a cercare
nel profondo ch'è mio soltanto
senso di vivere
e sentire la vita.

Quel sentire
che mi è connaturale
senza che altri mi vedano
senza che nessuno mi senta.

Ed è allora
che rispunta la solitudine
quel senso vaporoso d'abbandono
dalle cose del mondo
isolato come in un deserto
inascoltato persino dal cielo.

L'ESISTENZA

Come la vita fosse un alternarsi
continuo di nobile e plebeo,
di temporalesco oscuro
di ignobile e sovrano
sotto un sole che scotta
e risveglia
o addormenti la vita!

Non si muove
amico mio
l'esistenza
in un procedere sempre uguale
nei modi e identica sostanza,
essa s'infiamma su alte sfere
verso impossibili realtà,
ovvero tende al basso di sé
alimentandosi del buio
entro cui si perpetua
un logorio senza fine.

Anche l'immateriale senso dell'anima
ai mutamenti s'adegua
nella speranza che l'altissima
stabilità della luce
ne consacri almeno un poco
un proprio tepore
di confortante sereno
foriero di eterno

PRESTO UN RAGGIO

Non copritemi d'ombre
spiriti dei miei morti
nel fatale trapasso della vita,
ma fasciatemi di luce
e presto si tramuti in raggio
per rapido disperdersi
nella profondità dei cieli.

Unito a questa forza luminosa
resti così confuso
con l'eternità d'universo.

ABBI CURA DI TE

L'esaltante empietà del vento
che trascina le cose
nei gorghi dell'indefinibile,
ove il tutto viene
confuso col senso
pieno dell'esistenza!

Abbi cura di te
amore mio
nel conservare l'armonia dell'essere
che langue
se l'abbandoni nel mare infinito
delle nostre sensazioni
accartocciate dal tempo che passa
e questo se ne va
lasciandoci soli.

NEL VORTICE

Andare alla radice del vero "genius"
e trovarvi un sole
da illuminar l'orizzonte
e nuovamente discendere
nella propria coscienza
rialzata alla vera Bellezza:
profumata aria
che il sospiro riscalda
riassorbito dal sangue
per un nuovo corpo.
Non più sperduto nel vuoto,
quello sguardo che cerca
ha ritrovato spazi
creduti smarriti,
non più soffrendo di solitudine
ma scagliato si sente
l'uomo così
nel vortice di un nuovo infinito.

OMBRA INESISTENTE

L'autunno!

Una sovrana realtà
congiunta alla vita umana
in ogni tempo e luogo.

La transitorietà dell'esistenza
con malinconico vigore
in questo tempo s'illumina
ci cade nel sangue
nel nostro sentire s'incarna
e nella mente si ferma
in un riflettere chiuso
al rievocare tutto il passato
per fermarci al presente
che domani sarà passato.

Autunno!
Ombra insistente e forza
di un moto vario dell'esistenza
nell'attesa che s'ammanti a nuovo
alla ripresa del sole.

Testimonianze critiche

"Molto spesso risulta difficile pensare e formulare una sintesi orientativa più o meno plausibile circa l'essenza nucleale di una poetica, destinandola a dare senso e titolo al peraltro sempre parziale scritto di introduzione all'opera. In questo caso è, invece, facilissimo: ogni pagina di Virgilio Righetti è davvero una dichiarazione etica, un penetrante 'a fondo' comportamentale affidato alla parola e alla sua funzione.

Righetti non è poeta connotato dallo stupore evocativo, pur affermando una consolidata struttura lirica che, a tratti, sembra persino sfiorare l'accorata morbidezza dell'intonazione elegiaca...

Sta di fatto, però, che questi versi assorbono soprattutto, e in veste di primaria accezione, ogni istanza di analisi relativa ai processi fenomenologici dell'esistenza, entro i quali emerge e si definisce la coscienza morale del rapporto tra il vivere e l'essere, dando linea di compiuta fisionomia a una poesia civile raccolta alla sua radice sostanziale, quindi oltremodo implicativa. Non vi si cerchi denuncia di evento o diretto tema di sdegno, tenebrore di preveggenza o compianto sociale: tutto ciò è già racchiuso in quella radice, nello spessore – appunto: etico – del lessico, nelle consequenzialità motivazionali, nella logica ancestrale dei presupposti umani, poiché è dell'uomo che si nutre, delle sue cadute come delle sue reali e potenziali irradiazioni cognitive, delle cause del suo agire e dirupare e sperare ("E la mente che aspetta/ sempre sostanze nuove"), facendo dell'uomo il più autorizzato movente per addentrarsi in labirinti anche esoterici e rilevarvi l'impulso a scoprire ogni ragione di naturalità. (...)"

Rodolfo Tommasi

Giovanna Ruà Cassola

Da *L'ascesa*

IL ROSETO

In groviglio d'ombre
il pensiero nomade
torna al roseto
del giardino antico.
Carezza dei petali
il bianco velluto
s'inebria al profumo
che si diffonde nella sera,
gravida di luna.
In quest'isola scolpita
Dalle mille voci
Suoni di cristalli
Nella mia memoria.
Qui, il cuore donavi
Alla mia vita
Ed ora, in tremito
Risuona come eco
Il tuo richiamo.
Brucia ancora fiamma
Che suggella amore
E sulle labbra lascia
Sapore di passione,
mentre la notte
all'ombra di una stella
respira il silenzio delle rose.

TRINACRIA

C'è un'isola nel mare
del sud verde blù
ebbra di miti e d'eroi.
Qui, angioini, arabi, normanni
lasciarono le orme.
Ortigia, oasi di sole

respira salsedine
e speziati aromi
scogliera di luce
dove schiumosi d'onde
e alghe volano i gabbiani.
L'ora del tramonto tinta
di rosa accende e riaccende
colore che abbaglia.
In questa terra sobria
di barocco, avvolta
da languore di zagara
un brivido d'aria
s'annida su tutte le cose.
Nelle notti rischiarate
dalle stelle quando
ardono sui sogni e
ascoltano canti d'amore
d'una conchiglia l'eco
mi culla alla tua voce.
Ed io, ancora poso i giorni
in brezze fugaci
in nostalgie defilate
che sfumano in oblio.

LA SOGLIA

Del dormiveglia alla soglia,
in ombra di fugace sogno
tra fiori di luna rosseggia
fiammella che improvvisa,
con la sua luce investe
immagini, pensieri, sogni.
Invade la memoria e con tepore
scioglie l'ora delle brume.
In un mondo nuovo ti ritrovi
dove il verbo si trasforma in canto.
Misterico l'incontro, intessuto
di magia. Riflesso d'altare
il pensiero, che l'azzurro dischiude.
Qui vibra e respira un coro
di voci silenti nel torpore
di prati asfodeli, su cui cade
rugiada. Avvince e conduce
la mano a deporre sembianze
e veli in epifanie di soli.

MELODIA D'INVERNO

Nel silente lucore dell'inverno
in boschi di luna cammino
i passi miei incerti respirando
l'argento della notte ignara.
In brulichio di vento, un volteggiare
di rondini e di foglie vibra.
In memoria allo sguardo mi sorprende
di giovinezza eco e ricordi
carezzati... ora di ruggine coperti.
In questo mio tramonto spento
vorrei di un tuo sorriso la carezza.
Ed io regalerò a te le stelle
più luminose della notte.

LA TUA LUCE

Nel viale oscilla l'oleandro
che diffonde nell'aria
la sua essenza amara.
Nell'ombra della sera
una luce rarefatta
ogni cosa imprigiona,
muto il cielo culla
in grembo petali di stelle
frammenti dell'eterno
che ogni distanza annulla.
Nel silenzio crepuscolare
malinconia affiora
ed il pensiero vaga
per deserte vie.
Ora, regalami la tua luce
oltre il tempo, oltre lo spazio
"Vera essenza della vita"

Bagna ciò che è arido
Scalda ciò che è gelido
Sana ciò che sanguina.

POPOLO IN CAMMINO...
LOURDES...

Fratelli di tutto il mondo
in preghiera uniti.
Nello sguardo la tua luce
sulle labbra una sola voce.
Il tuo nome, Maria, Madre di Dio.
Nella mano fiaccola d'amore
arde di speranza.
Con gioia vera, in armonia
di suoni, tutti invocano il Tuo aiuto.
All'anima nuda, rugiada
feconda, luce che abbaglia.
Stupendo prodigio, che della vita
segna un'alba nuova.

Testimonianze critiche

"...la poesia di Giovanna Ruà Cassola è voce di vita e, al tempo stesso, voce della poesia che è ritmo, simbolo, rituale di una memoria che sfocia nel grido, ora quieto ora sofferto, verso Dio. Di fatto, questa poesia, distesa e calma, disarmata ed eloquente nella sua solitudine, fluisce con naturalezza tra ricordi, accensioni dell'anima, ferite e desiderio di trascenderle, in una compostezza che non potremmo definire se non autenticamente religiosa fino ad includere l'alta parola del rito o della liturgia cristiana... questo incedere di Giovanna Ruà Cassola nel respiro della poesia lascia intravedere quanto la memoria degli eventi attraversati abbia più che mai bisogno di essere salvata dall'aridità, scaldata dal gelo della solitudine, sanata proprio da quelle ferite che non cessano di sanguinare al cuore di una sensibilità che parla nel linguaggio di una parola poetica quanto mai lineare, ma carica di intensità emotiva e spirituale. ...la creatura umana appare davvero nuda e disarmata, e dunque capace, in tale consapevolezza, di aprirsi incessantemente all'inquietudine e alla speranza del mistero umano di Dio che sa rendere schietta e viva non solo la solitudine, ma anche e soprattutto il suo desiderio inesauribile di pienezza, di redenzione, di quel canto che sa custodire e proteggere dal nulla e dall'insignificanza."
Carmelo Mezzasalma

"*L'Ascesa* è titolo e testimone insieme dell'opera di Giovanna Ruà Cassola, delle ansie e delle estasi che vi sono contenute e tra le quali la poetessa s'inoltra: da molti anni scalatrice solitaria dello scabro esistere ma affiancata da vite (vuoi anche da vie) parallele che virtuali la inseguono: le memorie, in primis, d'una Sicilia posseduta in gioventù che funge da talismano che dolcemente, struggentemente nel tempo ritorna e droga, spesso fulcro della ispirazione di Giovanna in così tante riaccensioni del ricordo. Ma anche altre due son le ineffabili vie d'evasione della poetessa: la Fede e, appunto, la Poesia: una connota la persona e ne conforta il dolore; l'altra è chiave per trasformarlo - tramite l'operazione magica che sa compiere la lirica - in quella 'gioia' rarefatta e speciale che muta in diamanti le lacrime."

(di riserva)
Questa figlia di sangue del Sud, e di adozione fiorentina, della sua acquisita natura dicotomica - e, per ossimoro, straordinaria fusione - ci mostra la potenza tragica con 'La ballata dei quattro destini': momento poetico forte ed esistenziale estremo come solo chi ha la Grecia nelle corde ataviche può esprimere: però enunciandolo in modo fermo e lapidario come la cultura toscana induce.

Anna Balsamo

"Ognuno ha i suoi intimi segreti per illuminare le ombre del cuore, inquietudini, pene del vissuto. Giovanna Ruà Cassola si lascia incantare preferibilmente nei suoi percorsi poetici dai colori della natura. La bellezza, l'armonia del creato riflettono a specchio bagliori nell'anima, la quale, pur nella prova della sofferenza tende ad attenuare, talvolta persino ad archiviare i suoi lutti, predisponendosi a partecipare alla festa numinosa dell'universo. Il bivio della solitudine si accende così allo splendore della comunione con la vita cosmica."

Paola Lucarini

"Permangono anche in quest'ultima opera poetica di Giovanna Ruà Cassola l'incantesimo e la magia che sono chiusi nel suo io più profondo, come per ognuno di noi del resto, a testimoniare la loro forza vitale e fecondatrice, ma anche la complessità misteriosa e spesso in sé contraddittoria dell'anima femminile, la sua intensa spiritualità, segreta e irrequieta.

Vera Franci Riggio

Alessandra Santini

OLTRE IL CONFINE

C'era un confine oltre il quale non era opportuno andare.
Elisa l'aveva sempre saputo. *Potrebbero esserci cose che è meglio non vedere*, diceva la nonna, che aveva strani segreti nel cuore, un sorriso dolce e antiche storie da raccontare. Oltre a una piccola croce di ferro che portava sempre con sé.
Ma quella sera, curiosa come tutti gli undicenni, Elisa aveva convinto Marco – unico amico di cui si fidasse – a seguirla nel bosco. E insieme, tenendosi per mano, i due avevano corso finché non s'era fatto buio, sotto a un cielo nero di nuvole e carico d'acqua.
"È un posto strano" disse Marco fermandosi sull'erba scivolosa.
"Deve essere il confine" ribatté Elisa.
"Forse è meglio tornare indietro."
"Hai paura?" lo schernì lei, prendendolo per un braccio.
Il muro d'acqua e fronde d'alberi sembrava invalicabile, ma appena Elisa fece un passo, esso si squarciò mostrando una radura.
Marco sgranò gli occhi.
"Qui non piove!" esclamò. "Com'è possibile?"
"Guarda, c'è una casa laggiù."
Era una casa nera, come il cielo e le ombre degli alberi, con un'unica finestra a emanare una strana luce di fuoco. Elisa entrò nel suo alone rossastro e si fermò. Nessuna porta e, all'interno, solo un caminetto e due persone sul divano. La donna – lunghi capelli neri che ne nascondevano il volto – parlava con voce strozzata. Elisa notò i suoi occhi infuocati, rossi come la luce che investiva la casa.
L'uomo s'alzò di scatto e per un istante scomparve nell'ombra, ma la sua voce rauca giunse molto chiara: "Sono stufo di questa storia. Non voglio più sentirla."
"È la verità" ribatté la donna. "L'ho visto, capisci? Ho visto l'uomo che ha stroncato la sua vita..."
"Cos'hai visto?" urlò lui tornando nella luce. "Non c'eri, non sai niente."
"L'ho visto e potrei riconoscerlo."
Fulmineo, lui l'afferrò attirandola a sé, ma non riuscì a spezzare l'alone rossastro entro il quale lei si muoveva fluida e che subito lo avvolse.
"Riconoscere chi?" urlò. "Tu non sai, non capisci... Devi scordare questa storia maledetta e non parlarne più."
"Ne ho parlato invece e sono stata creduta: stanno venendo a prenderti. Sarai punito per ciò che hai fatto e mia figlia troverà finalmente pace..."

"Maledetta strega!" urlò l'uomo scagliandola addosso al caminetto.

Le sue vesti nere s'infiammarono d'improvviso, l'alone rossastro si confuse con le lingue di fuoco e in un istante esplose l'incendio.

Non c'erano porte nella casa, né vie di fuga. In un attimo fu l'inferno.

Elisa e Marco balzarono indietro terrorizzati. Tenendosi ancora per mano e senza dire una parola, corsero a perdifiato verso il bosco. Lì stava ancora piovendo e Marco s'augurò che la pioggia spegnesse l'incendio.

"Dobbiamo chiamare i pompieri" disse quando furono in vista della provinciale.

Ma Elisa scosse la testa. "Non serve. La casa sta oltre il confine: lì non piove e non ci sono strade. I pompieri non la troverebbero mai. È tardi..."

"Ma che dici? Sei strana, non ti capisco. Io me ne torno a casa."

Marco non disse altro e corse via sotto la pioggia.

Elisa lo vide traversare la provinciale, poi ne perse le tracce. Allora si girò verso il bosco. Laggiù, al suo limitare, bruciava la casa nera in un crepitìo che solo lei poteva percepire. Come le incomprensibili parole appena pronunciate.

"Molti anni fa, quand'ero bambina, ci fu un grande incendio" raccontò la nonna con voce lieve, il sorriso vago a nascondere le rughe del tempo.

Erano tornate insieme nella radura. E ora, ferme sul confine, guardavano lo spiazzo erboso privo d'alberi e di tracce d'incendio dove, al posto della casa senza porte, era stata piantata una piccola croce di ferro.

"Nell'incendio sono morte delle persone?" chiese Elisa.

La vecchia annuì. "Un uomo e una donna. E quando le fiamme si furono placate, lasciando solo cenere, la gente del paese poté vedere la piccola croce di ferro. Da quel giorno niente vi è più ricresciuto e nessuno ha più varcato il confine."

I loro occhi s'incrociarono per un attimo. "Tu l'hai fatto, vero?"

Elisa non rispose, ma si girò di nuovo verso la radura e indicò la croce.

"Lì è seppellita una bambina" mormorò, capendo d'improvviso. "La figlia della donna morta nell'incendio. Era stato l'uomo a ucciderla."

La vecchia le carezzò i capelli. "Questa è la storia. Ma il corpo della donna non fu mai ritrovato. Forse è stata lei a piantare la croce per sua figlia, prima d'andare a nascondersi nel bosco. È lei a portarle fiori ogni notte."

"Non è morta nell'incendio?" si stupì Elisa.

La nonna guardò lontano, al di là del tempo, stringendo fra le mani la croce che aveva al collo. "Dicono che fosse una strega e che il suo spirito vaghi nel bosco da tanti anni, senza trovare pace."

Elisa ricordò gli occhi rossi della donna, il suo volto di luna, l'alone nel quale si muoveva fluida. Non era viva. Forse era una leggenda... Eppure la piccola croce era lì. Anche Marco aveva visto la casa nera, il caminetto, il fuoco...

Potrebbero esserci cose che è meglio non vedere... Elisa finalmente comprese il senso di quelle parole.

Adesso sapeva che ci sono luoghi esistenti solo su altre dimensioni, oltre il confine della realtà visibile. Luoghi fermi nel tempo, che solo a pochi è dato raggiungere. Perché le loro storie non siano dimenticate e, al di là del futuro implacabile, possano ancora essere raccontate.

OMBRE SUL FIUME

Giulia era stata assegnata alle volanti e come tutti là dentro lavorava anche di notte. Solo che a lei toccava un po' più spesso. Non l'aveva chiesto, né l'avrebbe voluto, ma era l'ultima arrivata e doveva "farsi le ossa", come le ripeteva il collega che guidava la macchina. Lui aveva più esperienza, ma insisteva nel dire che "toccava a tutti", che "anche i capi fanno i turni di notte".

Figurati, pensava Giulia. Quelli a quest'ora dormono. Anche se il capo le piaceva. Non era uno come gli altri. Commissario da sempre, dirigeva la sezione da più di vent'anni: lui di notte non dormiva. In una città come Roma non è permesso farlo.

Il display sul cruscotto segnava 00:54 quando il collega imboccò il lungotevere. Per qualche centinaio di metri la volante scivolò solitaria nel freddo nebbioso di quella notte di settembre, spaccando l'oscurità come una lama di luce liquida e inoffensiva.

Qui non succede niente, pensò Giulia girando gli occhi sul finestrino laterale, verso il fiume nero e la città di luci rosa e azzurre che vi si specchiava dentro. Una città al contrario, in tutti i sensi: sei sicuro che succeda di tutto, che rischi la pelle anche solo mettendo il naso fuori di casa... Invece no. Da un anno non accadeva granché, piccoli spacciatori e protettori di prostitute a parte. Non da quando Giulia faceva quel turno.

La chiamata arrivò due minuti più tardi. Sembrava la solita routine: portarsi sul posto, controllare, rispedire a casa l'ennesimo esagitato che non ha niente di meglio da fare. Ma non era esattamente così.

Il cadavere era stato trovato da una coppia di giovani che, a loro dire, facevano una passeggiata romantica sul greto del fiume. Si trattava di una donna: lunghi capelli rossi ed espressione di stupore stampata sul viso pesantemente truccato. Giaceva composta sotto l'arcata del ponte e sembrava fissarti coi suoi occhi verdi spalancati nel nulla.

Stupore, sì. Questo aveva notato Giulia arrivando, mentre il collega si fermava a parlare con la coppia di giovani. Poi sarebbero arrivati anche gli altri – omicidi, medico legale, scientifica – per illuminare a giorno quel tratto di fiume così silenzioso e buio, così lontano dal centro storico e dai suoi colori. Ma la prima a vederla era stata lei.

Non era la solita routine: la donna stesa in terra era morta. Ammazzata, probabilmente. E stupita di essere stata ammazzata. Non per gelosia, e nemmeno a scopo di rapina. Quella era una puttana, una delle tante che a volte cadono nelle retate della polizia, o vengono picchiate dai loro protettori. Bella però, pensò Giulia passandosi una mano sugli occhi.

Fu allora che notò la mano destra della vittima stretta a pugno su qualcosa che non faceva parte del suo abbigliamento. Un fazzoletto? Un pezzo di stoffa chiara, magari dell'assassino?

"Stefano, guarda qua" disse al collega, chiamandolo a sé.

"Stringe qualcosa" ammise lui. "Ma aspettiamo gli altri: noi dobbiamo solo trattenere quei due e non toccare niente."

"Quei due non c'entrano."

Il collega scosse la testa, allontanandosi per accendere una sigaretta. Ma Giulia l'afferrò per un braccio, lo costrinse a voltarsi.

"Non hai capito?" esclamò. "È lui! È l'assassino delle prostitute. Non hai letto l'informativa di tre giorni fa? Attacca alle dieci, resta un po' in ufficio a sistemare i reperti, poi mette il timer alle macchine fino alle sette e mezzo e se ne va in giro ad ammazzare la gente. Ce l'ha con le puttane dai capelli rossi. Allora, hai letto l'informativa?"

"L'ho letta, ma è solo un'ipotesi. Che a me personalmente sembra assurda: ti pare che uno a un passo dalla pensione e a stretto contatto con la polizia, si mette a fare il killer? Dai, lasciamo perdere…"

"Ma oggi è venerdì: una settimana dall'ultimo delitto. Va avanti così da più di due mesi. Non è un killer, è uno psicopatico."

"Va bene, ma che dovremmo fare?"

"Andare a prenderlo."

Il collega scoppiò a ridere divertito. "E tu sapresti dove?"

Giulia indicò la mano della donna. "In laboratorio."

Al collega la spiegazione fu chiara d'improvviso. Non si trattava d'un fazzoletto né, tanto meno, d'un pezzo di stoffa chiara: la donna stringeva un guanto sterile, del tutto simile a quelli usati dalla scientifica per le analisi di laboratorio. E il sospettato – tecnico addetto al controllo dei macchinari che operavano ventiquattrore al giorno nei sotterranei della questura – aveva occasione e modo di procurarsene un paio.

Ma era la prima volta che commetteva un errore, che lasciava una traccia di sé. Mai prima d'allora aveva perso qualcosa che potesse identificarlo. I guanti in particolare, che gli servivano solo in ufficio. Perché quel venerdì era andata diversamente? Cosa non aveva funzionato nella sua testa malata?

Giulia sapeva che non spettava a lei dare risposte: c'erano i capi per questo. A lei toccava andare là e fermarlo, prima che la notte finisse. Perché con essa, forse, finiva anche un assassino e la sua inutile follia.

Lo intercettarono all'altezza di ponte Matteotti, alle quattro in punto.

Aveva camminato sul lungofiume per ore, con le mani in tasca, cercando quella dimensione che il giorno e la luce non potevano dargli, guardando il buio e i personaggi che lo popolavano. Ombre soprattutto. Come la donna dai capelli rossi che puntualmente ricompariva, alle otto di mattina, come un fantasma dai contorni vividi e lo sguardo accusatore. Per questo la cercava di notte, quando tutti dormivano, compresa lei. Lei che gli aveva rovinato la vita da quando era nato. Madre snaturata e senza amore. Madre comunque. Che non moriva mai, benché lui l'avesse ammazzata almeno otto, nove volte.

Adesso sapeva molto di lei, di se stesso e della notte, di quella città che non amava ma che era bella nonostante tutto. Di quel fiume. E delle ombre che ne percorrevano il lento incresparsi.

Sapeva anche che quei due sulla volante cercavano proprio lui. Che alla fine l'avevano individuato. Era il loro lavoro, li ammirava per questo – lui che, fra pochissime ore, un lavoro non l'avrebbe avuto più, nemmeno di notte. Li attese sul greto del fiume, con le mani in tasca e uno strano sorriso sulle labbra umide di nebbia.

Giulia lo raggiunse per prima, le dita strette sul calcio della pistola e il collega a coprirle le spalle. Se quello avesse tirato fuori la calibro 9 con la quale aveva ammazzato otto donne in due mesi, per la giovane poliziotta ci sarebbe stato poco da scherzare.

Invece non successe niente. Non a Giulia. Non a Stefano.

L'uomo sorrise, lentamente mostrò loro l'altro guanto sterile, lo gettò a terra e disse: "Addio, dolce signora notte... Adesso ti conosco e posso congedarmi da te."

Non riuscirono a fermarlo: fu inghiottito dalle onde nere del fiume.

Alle cinque era tutto finito. Giulia guardò le strade ancora deserte e l'unica cosa che riuscì a pensare fu che finalmente sarebbe andata a dormire, che tutto si sarebbe raddrizzato, città compresa. E nessun'altra prostituta dai capelli rossi sarebbe stata ammazzata.

Si chiese se i suoi turni servissero a qualcosa. Ma, come per tante altre domande, non spettava a lei dare risposte. Lei lavorava di notte. E quel silenzio ovattato dove non succedeva niente, o quasi, in fondo le piaceva.

Le piaceva davvero.

Edio Felice Schiavone

TSUNAMI

Il mare. Mare gonfio di marosi
bianchi bianchi di spuma come vele
al vento. Mare di peripezìe
indefesse, animose
di bontà, di lietezze...
Pieno nell'aria il biblico
vagito della nascita
quando l'onda accarezza
sinuosi lembi verdi,
nere alture a strapiombo
dell'amata siamese.
Mare, palestra azzurra di remoti
eventi... giocoliere
sottile appena dondola
come ciondoli gusci folli di uomini...
Si trastulla così,
in altalena dell'onda tra ciottoli
lisci lisci di sabbia...
Poi - chissà - capitombola:
s'erge, sprofonda, s'allontana rauco
come avesse paura...
per ritornare furioso, arrabbiato,
per onde nere in subbuglio di morte...
a guisa d'un atleta inusitato,
gigante che sovrasta,
s'innalza, salta senza l'asta, avvolge,
urla, schianta...

"LE MILLE ED UNA NOTTE"

Parabole a colori,
tappeti dalle mezze lune planano
tra bianchi Minareti,
sulle Cupole oro-blu; a meraviglia
girotondi acrobatici,

pretese arabesche
sulla punta del naso d'Occidente...
e la parola "Sesamo"
- misterica, sottile - passaporto
magico verso l'Occaso che arranca...
Il Ghibli di stagione
ricicla, revisiona
miraggi sulle dune di Maastricht.
Shahrazad clandestina,
ed altre, tante - odalische col burqa...
a luce verde-rosa
nelle strade a vetrina
scompassano, camuffano...
redivive di "Mille e una notte"
a lume di Aladino
invocano il "Sigillo".

EVA E IL NOSTRO MONDO

Nello sgorbio rappreso delle pietre...
il gioco immaginoso,
aberrante del Tempo.
Eva - occasione biblica;
donna primaria e madre coraggiosa;
ansiosa di frugare, di conoscere...
amore e pane nel cuore di Adamo -
non disperava nel giardino magico,
numinoso di regole,
profumato di melo: tra bisbigli,
alterne spinte e voglie, voglie a grappoli,
tentazioni al galoppo...
a guisa di serrato
allenamento per altra odissea...
(filastrocca in costumi stagionali,
percorsi a piacimento,
vari come l'assurdo...)...
...in esilio di Terra
imperterrito l'Uomo va, perpetua
(a volte genuflesso)
geni, movenze... di Eva.

Da *Schegge (Io e il mio tempo)*

SCHEGGE

1

Nel subbuglio d'un ordito irraggiunto
il gioco metafisico del Tempo,
il giro astruso delle mutazioni,
i geni della cellula,
il fondo dello scibile perenne
e il cielo rosso in lontananza, magico.

2

Nel semicerchio iàlino
nitido di contorni,
appena ritrovata la memoria
per via del vento parla sottovoce:
attaccata all'orecchio
sussurra, lieve sospira, si narra...

3

...il pizzico alla gola dallo smog.
Nel via vai l'avventura della strada.
Ingombrante il pedone
(plebeo redivivo indennizzabile)
nella furia civile delle macchine.

4

Tatuarsi, punzonarsi
un po' per gioco, un poco
da selvaggio romantico
su e giù per marciapiedi,
per discoteche a sballo...
Significante, fiero,
arruffato davanti
allo specchio del giorno.

5

...un po' per gioco, un po' per altro... atroce
lo scempio nel Cermis
del Millenovecentonovantotto.

Nei codici sanciti,
dettati dalla Storia...
la forza onnipotente
del diritto nei patti
con l'Ospite, Alleato di riguardo.

6

Per clandestini... profughi;
per ogni accidentato
solidarietà piena,
la voglia biblica contro la fame
nel Mondo: apostolato d'accoglienze,
appelli dei mass-media...
In un cantuccio, sino a tardi, dietro
il Duomo sotto i portici,
una vecchia barbona
in mezzo a spicciativi
passanti della sera.

Testimonianze critiche

"La mirabile stranezza della poesia di Edio Felice Schiavone ritorna ancora una volta a stupirci e a riempirci di ammirazione con la serie delle sue impressioni, che ora chiama appropriatamente (e forse ambiguamente) *Schegge*. La sua semplice, in apparenza, ma intensa scrittura, compie in maniera anche più efficace che in passato l'impresa fascinosa e intrigante di contrapporre con pochi gesti il senso quieto e fanciullesco e giocoso dell'"istante" della vita, dell'attualità quotidiana, al tragico e cruento, bellicoso e superbo, atteggiamento dei millenni e della Storia dell'umanità. Del primo sono protagonisti simbolici i bambini, e quel bambino principale che è il poeta, creatore di un Tempo immaginoso e irreale, "che non c'è", oltre a quei personaggi curiosi e meravigliosamente delineati che sono i gatti, i gattini, i mici, magari quelli abbandonati nelle estati vacanziere...; del secondo sono rappresentativi gli uomini, purtroppo, i violenti e gli intriganti, gli illusi e i fanatici di ciascuna fede, i moderni filistei o gli attuali "clandestini". Ma forse, per un po' di pietà, non sono loro la causa di ogni rovina, ma sono i sempiterni "geni" umani della cellula e del DNA: Schiavone è un medico...

Non si deve pensare che si tratti della solita poesia di irritata denuncia, perché il poeta è irritato, sì, fino ad avere persino degli incubi (!), ma non lo mostra esageratamente, non grida, non denuncia ad alta voce, e non giudica alcuni responsabili contro altri, li vede invece insieme tutti, "saltellando uniti/ in tarantelle sfrenate"! E oltre che criticare e ironizzare su avvenimenti della storia e della politica e della morale di oggi e di ieri, ha soprattutto il gusto di guardare le cose dall'alto dei secoli, ossia "negli occulti mercati [o nei "vicoli oscuri"] della Storia" e nella profonda primitività dell'uomo, quasi per una diagnosi generalmente infausta da sempre...E alla fine, sono proprio le *Schegge,* le brevi strofe che si susseguono senza apparente collegamento, ma legate invece da una visione cumulativa e addirittura cosmica della nostra realtà terrena, a tirare le fila del contrastato a lungo e turbato profondamente discorso poetico ed etico, fondato sulle possibili considerazioni ancora intorno al Tempo, anzi intorno al "gioco metafisico del Tempo,/ il giro astruso delle mutazioni,/ i geni della cellula,/ il fondo dello scibile perenne": il tutto racchiuso nel giro quotidiano e solito del tramonto terrestre, di cui è simbolo "il cielo rosso in lontananza, magico". Allora si snodano e riannodano le ripetute storie umane, le follie degli uomini, le manie, gli scempi, la falsa solidarietà, le guerre ancora, "la tiritera astrusa/ delle parole a vanvera", l'invasione degli immigrati, "l'indulto,/ passaporto a delinquere", e via via tutto il resto, perché nulla sfugge all'abbrivio di questa prodigiosa vista poetica, vista fanciullesca e magica e di superiore giustizia. La quale guarda tutto dall'alto della sua ingenuità, vede la vanità, il gioco assurdo, l'astrusità degli uomini, che sono un nulla nel silenzio dell'universo, nell'inerzia ignota della Terra, nell'"anonima entità/ nell'algebra del Cosmo...".

Tuttavia non c'è dubbio che il magico effetto di questa strana e originale poesia stia proprio nel saper comunicare una inspiegabile fiducia pressoché fanciullesca nella vita, pur nell'"anonimo viavai dei perché" dolorosi e irrisolti dell'esistere, comuni agli uomini come ai piccoli animali, e malgrado la malvagità o l'insensatezza addirittura genetiche che hanno guidato e guidano gli eventi umani della Storia. E si tratta di un effetto propiziato dal calore esistenziale che accompagna comunque il raffinato discorso moralistico, e senza illusioni, di questo fantastico poeta meridionale, e che deriva proprio forse dalla sua matrice terrena più vera, legata alla tradizione, alle festività del suo paese, all'abitudine di domestica familiarità con i bambini e i piccoli animali, o nei "sorsi riposanti", nei "sorsi esilaranti", del buon vino, nei giuochi del giardino di casa, nella bellezza azzurra del vicino mare, e nello stesso senso di italianità che unisce lui, "con la forza e la passione/ di terrone d'Italia", ai fratelli settentrionali! Dopotutto, il poeta sembra concludere che la forza naturale dell'ingenuità e della fantasia poetica, simboleggiata fin dall'inizio nel bambino seduto nel prato sotto la pioggia, vincerà su tutto, perché è "Invulnerabile il bimbo nel prato./ Insuperabile nel salto fiero/ tra cespugli selvatici.../ Del prato il Superman imprevedibile,/ la trottola dei giochi"!...

Neuro Bonifazi

Serena Siniscalco

IL SIPARIO DELLA NOTTE

L'ansia di vivere mi preme ed ogni alba
irrimediabilmente si disfiora.
Mi aggrappo a questo attimo che fugge
proprio ora, anello d'oro
del residuo mio tempo creativo.

Ad ogni istante godo oppure soffro
la mia ultima temperie di stagione.
Il sole, come sempre, sorge e smuore
e il buio della notte i sensi azzera.
Così m'acquieto e poi dolce m'addormo.

La vita, in fondo, è come un lungo giorno.
Abbagli d'albe, riverberi e stupori,
poi velami di brume, opalescenze.
Cala nero il sipario della notte,
ma di stelle riluce il firmamento.

Milano, settembre 2007

CHIARO DI LUNA

Oh, splendida notte! M'accendo
quel disco del "Chiaro di luna"
del grande Beethoven che note
in gocce di luce discioglie
e il vuoto ricolma della mia stanza
ed il buio riaccende nella veglia
che mi nega il sonno.

Ne accenno il motivo a labbra
serrate, ad occhi socchiusi sul cielo
notturno di luna e di stelle
che osservo da dietro i cristalli.

E tempo non è, né luogo. Soltanto
un vuoto di mente, un incanto

svagato: udire non serve;
è il cuore che sente, traduce
quel suono d'amore in quiete,
in carisma, abbandono di sensi.

Oh, quiete notturna serena
di musica "strega"! Io stessa mi sento
una stella vagante curiosa
che cerca, tra immobili stelle,
per sempre, il suo luogo di posa.

Nizza, febbraio 2007

VENTO DI TRAMONTANA

Sibila oggi vento di tramontana,
percuote, scricchiola e sconquassa. Gioca
a mulinello con le foglie secche,
nubi solleva di polvere e cartacce.

E mi sgomenta, come da fanciulla,
quando mi rifugiavo nella stanza,
sbarravo le imposte per non vedere
e per non avvertirne il turbamento.

"Si scoperchiano le case al mio paese"
diceva la Matilde e m'acquattavo,
ravvolto il viso, tutta nella coltre.
Ed ancora odio questo vento da nord
che porta il gelo nella casa e brina
i momenti del cuore.   Ma se lo sguardo
oggi allungo al fondo della strada,
tesa all'oriente che mi sta di fronte,
si disvela inconsueto uno scenario
sull'aspro Resegone, candeggiato
da tormenta di neve della notte,
sulle sue cuspidi dentate,
sulle gemelle Grigne incoronate
dai lembi rosa ed oro del tramonto,
che solo questo vento mi sa dare,
quando spazza furioso la brumosa
piana e al sole iemale apre un sipario
su un magico fondale di stupore.

E "grazie!" "obtorto collo" oggi ti dico,

o vento malo! Così, mentre ti odio,
ancora io t'amo.

Milano, febbraio 2007

LA CARA VOCE

Disse la bimba, avanti al sonno, al padre:
"Papi, raccontami una fiaba bella."
Facendo sfoggio di memorie antiche
ed in vena di gioco, amorevole
la voce dolce e suadente
e la mano pruinosa di carezze
sulla fronte piccina, tesa al sonno,
il padre in sussurro disse:

"In un triangolo rettangolo, la somma
dei quadrati costruiti sui cateti
è equivalente al quadrato costruito
sull'ipotenùsa." E poi si tacque.

Sembrava la bambina che dormisse,
ma un sorriso le scoperse gli occhi.
Poi con flebile voce e sonnacchiosa,
"Ancora!" disse. "Ancora!"

Milano, dicembre 2007
(Ottobre 1988. La nipotina Eleonora non aveva ancora tre anni)

NELL'ORA DEL DISERTO

Nella chiesa deserta, ombrata
di segreti e d'incanto, i ceri spenti,
esala un odore antico d'incenso.
Il vissuto oscuro legno dei banchi,
mi invita, assisa, ad argomentazioni.

Così fioriscono parole mute,
difformi da preghiere antiche,
memoria di trascorsa catechesi
appresa al tempo della scuola,
monotona, stereòtipo rituale.

Il linguaggio è ora colloquiale,
come parlassi ad un amico vero.
Nel profondo argomento e m'abbandono

a domande inquiete, che già so fatue,
senza risposte e arcane.

Ma nel momento assorto, il mio parlare,
sommesso con me stessa, mi conforta,
siccome il sentore di una presenza
che non si rivela, misterioso afflato,
sulla sacralità di questo altare,
entro la chiesa, nell'ora del diserto.

Milano, Natale 2007

FELICITÀ È UNA BICICLETTA

Era un Natale e tredici anni avevo
e dono fu la bicicletta nuova
cui da tempo anelavo.
E fu la prima volta che m'accorsi
che si poteva piangere di gioia,
se il cuore ne è ricolmo e allora sgronda
lacrime e stupore.   Argenteo il telaio
al sole della mia estate tenerella,
di cupreo cuoio la sella siccome
di cavallino baio, che montavo,
veloce pedalando, mentre un mondo
novello mi si schiudeva innanzi, come
in sequenza di film sempre sognato:
le gambe snelle dal vento dispogliate,
in stagione di brividi ed urgenze.

Piccino è rimasto quel cavalluccio
a dondolo della mia infanzia e il triciclo
è negletto nel canto del solaio.
Ora un Pegaso alato monto e volo,
bella d'ardore e d'esultanza in cuore.
E da sola mi canto quella canzonetta:
"Ma dove vai, bellezza, in bicicletta..."

Vado e dove non so, nel vento, su viali
incontro al sole o a quella nube bianca
all'orizzonte, sorvolo arcobaleni,
nella felicità dei miei verdi anni.
Mi cantan dentro fringuelli di gioia,
fruscio di foglie fresche,
scapigliate dal vento,

m'involo, fuggo, m'annullo, disoriento,
per strade sconosciute vagabondo.
E nella mia evasione ora mi perdo.
E la strada non cerco del ritorno!

Milano, Natale 2007
(Ricordo dell'estate del 1940)

TESTIMONIANZE CRITICHE

"...Leggendo le sue poesie, sono rimasto colpito dalla dimensione umana e culturale che traspare da esse, in quanto da un lato costituiscono il diagramma della vita della Siniscalco, di cui riproducono sensazioni, emozioni, stati d'animo, dall'altro rappresentano un grande affresco della *condition humaine*, di quella condizione esistenziale, di cui vengono evidenziati, con intensa partecipazione, alcuni aspetti piuttosto amari sotto il profilo umano ed etico.

Nel diorama dell'ispirazione poetica della Siniscalco, inoltre, accanto al tema della memoria, che tende richiamare alla mente e riportare alla luce episodi del passato (infanzia, adolescenza, gioventù), un ruolo importantissimo assolve, a mio avviso, la poesia del dolore che canta non la sublimità del divino, ma la tragica umanità del patire lo spasimo atroce di una intensa, lacerante pena, quella pena che la poetessa ha provato e descritto in versi toccanti... Il suo è un itinerario di poesia che, pur essendo essenzialmente intimistica, tuttavia aderisce alla vita, che deve essere sempre accettata con serenità, anche quando l'animo è straziato e le lacrime offuscano la vista... Il virtuosismo poetico di Serena Siniscalco si esplica nella cura del verso sempre nitido, musicalmente perfetto, caratterizzato da frequenti figure retoriche, come l'ossimoro, nella scelta sempre puntuale delle parole, nel ritmo cadenzato e solenne."

Giuseppe Anziano

"...La sua parola è pane, nutrimento per anime semplici, è adrenalina eccitante, tonico della mente, musica di risacche, di canne flautate che risuonano di echi di universi molteplici, di stradine leggere fatte d'aria e d'essenze aromali di pollini dispersi.

Non è soltanto soffio, fiato, sillabario di frammenti lessicali.

Si carica di significati cosmici, ravviva il pensiero, lo riflette, lo trasfigura in metaforiche significanze, timbriche originarie..."

Sirio Guerrieri

Maria Squeglia

Da *Per astri e radici*

NOI

Cataloghiamo identità
Amministriamo giustizia imperfetta
Stiliamo certificati di morte
Che giunge per legge.
Ci assedia il gusto del superfluo
Occupando il nostro orizzonte.
Vorremmo misurare la vita,
Scala che si perde nell'abisso.

    Corriamo nel soffio del giorno
    Con la miopia incartata
    In inutili orpelli.
    Noi, presenze in un disegno
    Al di là d'ogni conoscenza.

Noi, la paura delle tenebre,
I segreti, i dolori, le infamie,
Le parole vuote.
Noi, la generosità del sorriso,
Il coraggio della sfida,
La volontà del fare,
Noi, l'intelligenza critica.
Il sudore di una lotta
Senza vincitori, né vinti.

    Noi, in cerca di grazia.

L'INCANTESIMO

Catturò un astro l'ala della lucciola,
Illuminò il sorriso di un fanciullo.
Il firmamento indossò
Il suo mantello di zaffiri.

Alla mia porta giunse l'incantesimo.
Indugiò e attese l'invito ad entrare.
"Sei il benvenuto", dissi.
"Tu solo illumini la routine quotidiana".

PRIMAVERA, PRIMAVERA

Primavera, primavera,
Cambiano le stagioni, non cambia l'odore
Di questo sudore acre
Sotto l'ascella sporca del mondo.

> "Primavera, la nostra dimora è un luogo
> Dove non puoi entrare,
> La nostra dimora è un luogo
> Dal quale non si ritorna".

I bimbi scomparsi
Hanno cassetti di muschio
Per giocattoli d'oscurità.

SONO VIVA, VIVA

Come serafini volano i petali del mandorlo,
Si adagiano, candidi sul prato.
Il mio gatto, alla finestra,
Allunga la zampa per afferrarli.

> Questo respiro pacato del giorno
> Ha in sé la forza di una tempesta.
> Ci sono scintille nell'aria,
> Sulla punta delle dita
> Brucia una piccola torcia.

Sono viva, viva,
In questo presente
Che s'apre fra il giardino e il cielo
In un esclusivo battito.

Da *Tra magia e memoria*

DIMENTICARE

In questo cielo livido,
Dilatato,
Si tormentano le nuvole
Avide di sole.

Oscure e incerte
Gemono in lutto
Nel dolore che svela
Il grande sudario
Della luce morta.

L'odore della terra
Che giunge fra le ombre
Culla lo spazio
Fra me e la notte.

Mi trova, al limite del giorno,
China sui battisti del cuore.
Ascolto e colgo
Ogni perduto colpo.

D'ogni male mi resta
Solo la voglia di dimenticare

GIÀ L'OMBRA

Già l'ombra entra
Languida negli occhi,
Muta la luce,
Dilegua in dedali segreti.

Il sole si frantuma
Nella porcellana delle tazze.
Il caffè si fredda,
Un rauco grido
Scuote il silenzio della sera.

Il vento di cobalto,
Nei vicoli smarriti
Marini aliti nutre.

Restiamo incatenati
Alle cadenti luci,

Velario lucente
Di fragili cuori che battono.

Da *Il filo di Arianna*

IO, ANONIMA

Io, anonima, gnomo scrivano
In questa sospensione,
Suono inudito.
La calma delle mani,
Forma vivente intensamente.
Anima mendica
D'una buona notizia.

Incontro l'ignoto,
Svolto l'angolo.
Io, incandescente matassa
Indipanabile.
Vulnerabile.
L'aderenza muscolare della penna.
L'alito del pensiero.
La pagina bianca.

La scia del giorno
Nella bocca cede tutto l'amaro.
M'inginocchio,
Ascolto la terra.
A lei basta un ciuffo di capelli.
Un'unghia, per riconoscermi.

QUESTA STANZA

Questa stanza
Scavata nella vita,
Abisso di silenzio
A fiorire parole.

Sui vetri di riflesso
Di vene palpitanti,
Muto slancio del raggio
Che il crepuscolo ha serbato.

Presagi sul soffitto
Nel gioco della lampada,
Una purezza che l'anima ricolma.

Testimonianze critiche

"Le sue poesie sono molto belle nella varietà del discorso, fra racconto, incontri (d'amore e di vita), visioni giocose, riflessioni, memoria. La poetica Maria Squeglia è netta, profonda, musicale, fortemente incisiva."
Giorgio Bàrberi Squarotti

"Maria Squaglia si è trasferita nella pagina lirica e l'ha, per così dire, nutrita di colori, odori, vibrazioni. Qua e là anche versi a sorpresa, immediati, emblematici, forti."
Pasquale Maffeo

"Una poesia, sempre sorvegliata nell'uso della parola e che insieme mantiene il candore degno della migliore poesia, di quella poesia perché il Croce definiva aurorale."
Silvano Memarchi

"Fisionomia suggestiva, la poesia di Maria Squeglia. I riferimenti naturalistici possono essere letti come metafore. Si interpreta, nelle liriche, quella voce incolmata che percorre i versi, che li connota timbricamente. Intanto della sensibilità e della parola."
Giorgio Agnisola

"La poesia di Maria Squeglia è immersa in un'alta dimensione che fa sobbalzare il lettore. Il suo stile personalissimo non le impedisce di affrontare e toccare scottanti problematiche sociali. Liriche ricche di contrasti, in quel dire e non dire in un dialogo sfumato, simbolico, annodato alla vita."
Laura Liberati

"È evidente che ci troviamo di fronte ad una poetessa dall'impronta sicura, che sa coniugare alla perfezione nel tutto il particolare e dare al particolare l'intensità e la profondità del tutto. Ed è proprio da questo intreccio che la sua poesia guarda lontano seguendo il filo di una verità intima che si traduce in bellezza, mistero e in amore: una bellezza che veste a festa le stagioni e l'animo, un mistero che invade di sé il sogno, un amore che è rifugio e condivisione."
Fulvio Castellani

"È proprio questo andamento verbale per i flussi e i riflussi che crea, ad alternare passi di una chiarezza immediatamente percepibile (sia pure con altri sensi ulteriori) a fasi di più intima costruttiva oscurità paradossalmente ancora più luminosi e giocati in un allentamento delle strutture sintattiche e in una rarefazione lessicale."
Flavia Lepre

Imperia Tognacci

Da *Natale a Zollara*

LA FIERA DI SANTA LUCIA

I
Minuti incerti nel prosciugarsi della luce
che addita la serenità dell'abbandono
sul volto di foglie. Tra girandole di pioggia,
scorci di giorni percossi dal tempo
e dal piovasco autunnale.
Dietro sipari di vetri appannati
ricordi s'affacciano, poi si esiliano
in brandelli di luce. Rilasciavano
ogni calore all'anima gelida della neve
panni penzolanti da fili tesi
tra la sdrucita malinconia dei cortili.
Accendeva bagliori la fiera
di Santa Lucia, mentre nenie
di cornamuse già lambivano
la festa del Natale. Si rifugiano
i cuori nei riti e nella muta
preghiera di candele votive,
lacerate dal loro stesso ardere.
Gelido silenzio del mistero tra certezze
di neve e accorate speranze di alberi.
Voci vorticavano a rassicurare
ombre di silenzi rintanati
nelle pieghe del tempo.
II
Lo scenario festoso della fiera
si spegneva riflesso nel sorriso
e nello sguardo esterrefatto di bolla
di sapone. Nell'imbrunito cielo, il suono
dell'Ave Maria si stendeva su vincoli
di radici, su infreddolite ombre
e su cuori stanchi di reggere il peso del mistero.
Rimossi i fondali da note di pioggia
terreo era il serpeggiare del fiume.
L'infinito della neve, martoriato

dai passi, calore manteneva
per i semi nel grembo della madre-terra.
La cifra del tuo destino, padre,
scritta sulla terra dove sudore
s'accumulava tra le rughe dei solchi.

III

Irrefrenabili rigagnoli non placavano
la sete di calanchi argillosi.
Fiumi impastavano nei fondali
macerie antiche e nuove,
invadevano anfratti e nicchie
terrose, irridendo l'inutilità
dell'umano progettare, sotto il fiato
pesante del tempo.
Raccolgo messaggi in bottiglia
alla deriva nel mare dell'animo,
dove un'ansa culla ricordi
strappati alla risacca e lustrati
dallo sciabordare della sofferenza.

IV

Remote solitudini nel tuo schivo
andare, padre, mentre già s'interravano
i ghirigori della bicicletta
in fedeltà di percorsi.
Primitivi umori nell'unità col presente
ci assorbivano e c'invadevano.
In un imbarazzo di pioggia,
si sollevavano dal terroso grembo
echi ritornanti; in un fluido
scorrere, mute distanze
di misurati gesti, di schiene curve
su selvatiche erbe, di adunate
di respiri in androni e porticati
e di un adagio di passi dileguati
al di là di sterili varchi.
Riverberi d'infinito nei tuoi occhi,
padre, vigilanti sui cenni
di lune che s'oscurano e su faglie
incolmate di lacrime e rabbia.

V

Un cancello di legno, non legato
col filo del dubbio, tremava nel vento.
Con archi ferrosi, il ponte antico
si stagliava. Al di là, lungo la strada
maestra, brillii di fuochi,
di torce, di lumi su libri sapienziali:

lampi di speranza sull'oscurità
dell'infinito nulla, sulla solitudine
delle cose che s'inquietavano
al nostro andare. Si consumava
il cuore ascoltando le rime della natura
ripetersi sulla tastiera dell'infinito.
VI
Nel tuo animo, padre, mio povero
Giobbe, s'arenava il pensiero
sull'ostacolo della tessera del partito,
sul lavoro perduto nel risucchio
della frontiera. Nelle tempie i ritmi
della terra e i sospiri degli avi trasformati
in preghiera. Di archetipi giorni, parlava
la pioggia sottile di forme svanite
nell'abisso del nulla, di giorni ammucchiati
nella carovana nell'oblio. Nel cielo
imbronciato, neppure una stella
a dialogare con noi di stabilità e di pace.
I solchi correvano decisi a superare l'orizzonte.
VII
Fuochi d'artificio con delirio
di scoppi, pioggia di luci,
girandole imbastite di illusioni
solleticavano le ombre,
ricadevano su tegole imbrunite,
su strade in attesa di ritornare
tra le sbarre della notte
che già cantava le sue rime.
Moriva il rumore della fiera.
L'ondeggiante affluire umano
svaniva nel mare d'ombra della sera.
Nei sogni infantili, al trotto di renne,
i doni di Santa Lucia giungevano
a irradiare di luce rami d'abete e d'alloro.
Avanzavamo, padre, nell'incalzare
della solitudine campestre. La malinconia
incrinava l'anima, affondando le colorate
illusioni e i vortici di giostre.
VIII
Ritornavamo dalla fiera, padre,
d'attorno un pallore stanco,
un chiudersi d'ala. Nel tuo cuore,
la luce raccolta su di un capo chino
che tesseva la quotidiana tela.
Mostarda e gianduia, in carta

screziata d'oro e d'argento,
per la Notte Santa portavi.
Semi aggrappati alla gelida soglia,
tacita offerta in fasci di luce dischiusi
sull'ara della terra dove assenze rivivono.

IX

Rada pioggia, nebbia di solitudini
in vastità d'orizzonti. Non un sussurro,
non una voce a recidere la tonalità
che ci lega alla nenia antica.
Sentivo la lancetta del mio tempo
spostarsi sul quadrante dell'infinito.
Terra mia, mi modellavi e ti ricreavo,
mentre zampillavano nell'anima
umori trafugati al tempo, affondati
nei solchi, come il ripetersi di una promessa
antica, una consegna tra l'amara durezza delle zolle.

TESTIMONIANZE CRITICHE

"La monografia che Imperia Tognacci ha dedicato a Giovanni Pascoli... è anche una lettura analitica molto perspicace d'un grande poeta che è stato al centro del dibattito critico svoltosi per tutto il Novecento sul tema fondamentale dei rapporti tra poesia tradizionale e poesia moderna [...] Tutto il lavoro si fonda sulla convinzione che nell'anima del Pascoli convergano tre componenti essenziali: una di derivazione romantica, tesa a cogliere 'il sentimento' nelle condizioni e negli eventi umani; un'altra di derivazione verista, che poggia sulla sua 'fede positivistica nell'esistenza' e mira a scoprire 'la poesia insita nelle cose'; e una terza di derivazione decadente-esistenzialista, rivolta al 'senso di precarietà, di smarrimento, del mistero insoluto' della vita. [...] Chiari e precisi sono anche i riscontri con l'opera complessiva del Pascoli, vista come una sofferta testimonianza di fede assoluta nella poesia come 'luce di verità e di amore' [...] Bene argomentata la confutazione della 'stroncatura' crociata del 1907..."

Vittoriano Esposito

"...Ciò che emerge a nostro avviso, dal romanzo della Tognacci, è la profonda solitudine interiore che attanaglia l'universo femminile in bilico tra la percezione della propria racchiusa interiorità e la imponente razionalità della mente e che, in una possibile interpretazione del romanzo, si potrebbe identificare, metaforicamente, nella più complessa contrapposizione tra l'incanto della natura, assoluto territorio dell'anima, e il fascino esteriore della città, tempio della materialità dell'esistenza. Ma la forza del romanzo è anche, e soprattutto, nell'invito a non cedere alla costante insidia di trasformare la nostra vita in un inutile accumulo di giorni privo di ogni contatto positivo con gli altri e di evitare di diventare 'ombre chiuse nei singoli universi, tra altre sconosciute ombre' ".

Mario Landolfi

"L'ultimo Libro di Imperia Tognacci si presenta in forma di poema costruito per frammenti con contenuto religioso [...] La bellezza suprema dell'opera di Tognacci sta nella scelta calibrata del linguaggio con cui è descritta: un lessico semplice e pertinenziale a un superiore punto di fuga ovvero significato profondo che è metafora lontana del significato letterario delle parole. La poesia sta nel ritmo del racconto, nell'anelito delle tensioni emotive, nella figurazione delle mille visioni e dei mille progetti della mente. Tognacci ha realizzato una poesia densa di contenuti, ma mai greve per l'apprendimento, perché è lieve nella concezione ideale dei suoi obiettivi, che sono il passaggio attraverso l'esiguità del varco incerto a una condizione di piena vita del pensiero e dell'anima: splendido progetto che si legge con autentica gioia."

Sandro Gros Pietro

Lenio Vallati

DESIDERIO DI VOLARE

Marco ricorda ancora quelle volte che erano insieme sulla spiaggia, i visi bagnati da uno spruzzo di salsedine, le ali di un gabbiano si libravano nell'aria, soffici come sogni, i loro sogni di allora. Un temporale estivo, sotto forma di un rapace, li portò via, con la promessa di farli volare ancora più in alto. Ricorda, Marco, le canzoni inventate in mezzo al fuoco, al crepitare lento della legna del camino, i sensi inebriati dalla gioventù, le sottili spirali di fumo che portavano i pensieri verso l'alto, come un vortice. Susanna lo guardava impaurita. Avesse dato retta a lei, alle sue premonizioni, forse sarebbero ancora ali di gabbiani. Il desiderio di provare si mescola talvolta alla paura di mostrarsi codardi davanti agli altri. Una volta, una volta sola non può cambiarti la vita, pensava, e invece sì. Una sola volta si nasce e una sola volta si muore, ormai ha imparato la lezione, ma adesso è troppo tardi. Da allora la vita di Marco e di Susanna divenne un oscuro labirinto la cui chiave aveva la strana forma di una siringa. Una piccola pressione e una strana euforia si impadroniva dei loro corpi, li faceva volare come non mai in cieli scevri di problemi. Ma era solo un'illusione. Al ritorno da ogni volo, la cui durata diminuiva costantemente, la solita vita di sempre, i soliti problemi e il bisogno di ripartire di nuovo. Il desiderio si era trasformato in schiavitù e la schiavitù in bisogno di iniettarsi altra roba tra le vene, ma costava maledettamente. Marco si ricorda ancora dei suoi primi goffi tentativi di furto. Susanna la prima volta che aprì le gambe per una dose, poi non ci si fa più caso, tutto assume il sapore sciapito dell'abitudine ed è come quando si vive, si va avanti ogni giorno senza sapere dove, né il perché. Anche al dolore non ci si fa più caso, sembra di averlo indosso da sempre. Poi viene il giorno che uno decide di lasciarsi indietro il passato con tutti i suoi errori per ricominciare una nuova vita. Ma il passato non si cancella: è come una zavorra che ti trascina ineluttabilmente verso il fondo. Susanna ha ancora un buon ricordo della comunità. È stato forse il solo periodo della sua vita in cui qualcuno, a parte Marco, le abbia mai voluto bene. Marco invece voleva fuggire, le mura erano per lui sbarre da superare. Non una ma due, tre, quattro volte, ricominciando sempre daccapo e sempre ritornando allo stesso punto della prima volta, il fallimento. Ormai non possono più farne a meno, e in quella misera stanza aspettano quell'uomo con la dose. Chissà, dice Marco, se ce ne darà ancora. Perché? Chiede Susanna. Non sa che ormai i soldi sono finiti, e con i soldi ogni loro speranza. Marco le ricorda la spiaggia, gli spruzzi sulla pelle di quell'estate lontana, mentre il caldo adesso li soffoca e imperla i loro corpi di piccolissime gocce di sudore. Ricordi, Susanna, quel gabbiano? Ricordi come volava alto? Suonano alla porta. Marco si scuote, è il tizio della roba, apre, lo fa entrare. Sì, è proprio lui, ed è strano che non pretenda di essere pagato. Te li daremo, sussurra Marco, le labbra incollate dalla saliva e gli arti febbricitanti. Si, certo, risponde l'uomo con uno strano sorriso e se ne va. Susanna, non è finita, possiamo volare ancora, magari solo fino a domani, fino a quando quell'uomo non tornerà di nuovo. Lo senti l'ago che penetra nella carne, la senti questa sostanza che ci rianima? Non è finita, Susanna, non è finita. Ce la faremo. La senti quest'acqua fresca sulla nostra pelle? Dai, corriamo, corriamo su questa spiaggia che si adatta ai nostri piedi come un paio di scarpe naturali. Adesso stiamo volando, Susanna, come quel gabbiano bianco dei nostri ricordi. Ma Susanna non vede nessun gabbiano. Due ali nere la stanno trascinando via insieme al suo compagno. Si aggrappa a lui nell'estremo tentativo di rimanere ancorata alla vita, ma quella sostanza bianca dentro il suo corpo le fa scoppiare le vene. Forse dietro al buio dal quale è circondata, pensa, ci saranno davvero cieli azzurri e gabbiani in volo, chissà. Susanna chiude gli occhi. Per sempre. Marco la chiama, ma la sua voce è solo un rantolo. Con un ultimo sforzo le prende la mano, ormai gelida. Sulla spiaggia un gabbiano giace riverso, gli occhi vitrei, il becco rivolto in una posa innaturale, le sue ali, non più bianche ma sporche di sabbia, sono trafitte da una siringa.

POESIA

Poesia,
dolce frutto della mia anima
mora di rovo
tra le spine di questa vita,
soave amica mia
a te affido intrepido
le mie più segrete speranze
per un mondo migliore.
Va'
e porta le mie parole
al cuore della gente,
traduci
questa voglia di amare
che mi esplode dentro.
Parla poesia,
parla
con la tua voce flebile ma decisa
di flauto,

appena mossa dal vento
parla il linguaggio
dell'amore.

STELLA CADENTE

Io vorrei
essere per te la luna
che ti guida
nei sentieri della notte,
quando
ti sentirai sola
e accanto
non avrai nessuno.
Io vorrei
essere per te il sole
che ti accompagna
di giorno
nei sentieri della vita,
quando
al tuo fianco
non scorgerai nessuno,
ma non sono
che una stella cadente
e non posso che guidarti
per un breve tratto
di strada,
oltre
dovrai continuare da sola
figlia mia.

1973

La mia stanza di lavoro accanto
a una sala ampia e ben arredata
e sopra camere ampie e ben ammobiliate,
tutto sopra un negozio con vasto assortimento,
una grande casa e c'è tutto per vivere
io, qui sopra i miei libri
accanto a una pianta dalle foglie larghe,
verdi,
a respirare come un vegetale e a cercare
aria fuori dalla finestra,

son io
che cerco sempre i rami che non ho,
la forza di lottare che invece ho
il diploma conseguito a scuola,
quando di piante verdi non ce n'era,
l'unica nemica è sempre la noia.

LA SPERANZA

È sorella della pazzia
la speranza,
perché cresce sulle rocce
dove non c'è vita
e si alimenta del nulla
come l'illusione.

Abita la casa del dolore
la speranza,
e condivide le stanze
della più cupa solitudine
della sofferenza,

ma si affranca dall'odio,
dalla cattiveria
la speranza,
e non muore mai,
neanche quando
non c'è più speranza.

TESTIMONIANZE CRITICHE

"...Ogni racconto, nello snodarsi discorsivo, va in profondità mentre le analisi, più o meno conclamate, ma anche eluse o alluse che siano nei fatti, aprono un varco nel vivo della ragione verso l'oggetto definitivo della narrazione, per cui l'itinerario letterario è dunque in discesa verso il centro del labirinto che lo rappresenta. È chiaro che la mente filtrante è la ragione organizzatrice dello scrittore stesso, che metaforizza la narrazione, in fantastici ghirigori sentimentali, ma anche in fatti tristi e dolorosi al fine di guidare in "progression d'effet" la ragione illuminante nella notte dell'irragionevole passione e dell'istinto, che caratterizzano la nostra società..."

"...In tal senso si snoda la poesia totale di Lenio Vallati, che non ha solo carattere lineare, in quanto è pur piacevolissima all'ascolto, al sonoro, al recitato, proprio per la voglia di comunicazione e la solarità che le è intrinseca, come si è potuto notare allorché altra sua raccolta è stata presentata in pubblico, che ha accolto lo sfolgorare delle immagini con simpatia ed attenzione; del resto lo stesso autore, rivolgendosi alla "Poesia", dice: "Poesia,/ dolce frutto della mia anima... va'... traduci... Parla poesia... parla il linguaggio/ dell'amore" affidando ad essa il proprio amore e il sogno, che si trasforma in simbolo perenne, secondo un discorso inteso a rompere la sfera del silenzio e della solitudine..."

Lia Bronzi

Indice

Antonia Arcuri	Pag.	5
Francesco Baldassarre	”	10
Anna Maria Letizia Bardelli	”	15
Graziella Bindocci	”	20
Mariella Bottone	”	25
Paolo Broussard	”	30
Marianna Bucchich	”	33
Anna Maria Carletti	”	38
Giorgio Carpaneto	”	43
Franco Castellini	”	48
Eva Casagli	”	53
Franco Chiocchini	”	58
Sara Ciampi	”	63
Rocco Aldo Corina	”	68
Adriana Dentone	”	73
Antonietta de Angelis del Medico	”	78
Roberta Degl'Innocenti	”	83
Luigi De Rosa	”	88
Mario Di Campli	”	93
Domenico di Palo	”	98
Concetta Di Pietro	”	103
Maria Tiziana Dondi	”	107
Francesco Luigi Errigo	”	112
Ornella Ferrari	”	117
Menotti Galeotti	”	122
Roberto Garbarino	”	126
Licio Gelli	”	131
Mirella Genovese	”	136
Edda Ghilardi Vincenti	”	141
Antonino Grillo	”	146
Rosanna Gulino	”	151
Tullio Iannotti	”	156
Gesumino Lai	”	161

Alfredo Lucifero	"	166
Franco Maria Maggi	"	171
Rita Marinò Campo	"	176
Rosalba Masone Beltrame	"	181
Ettore Mingolla	"	185
Rosetta Mor	"	190
Franca Olivo Fusco	"	195
Antonello Palieri	"	200
Silvana Pedretti	"	205
Maria Carmela Pieralli	"	208
Liberato Quaglieri	"	213
Lia Quintavalle Di Vita	"	218
Virgilio Righetti	"	222
Giovanna Ruà Cassola	"	227
Alessandra Santini	"	232
Edio Felice Schiavone	"	237
Serena Siniscalco	"	242
Maria Squeglia	"	247
Imperia Tognacci	"	252
Lenio Vallati	"	257

Finito di stampare nel mese di settembre 2008
dalla BASTOGI EDITRICE ITALIANA srl - 71100 Foggia
presso Grafiche DIGI.MA.IL - Foggia